Urs M. Fiechtner / Sergio Vesely

MIT MÖWENZUNGEN IN DER MEHRZWECKHALLE

mit einem Beitrag von Dr. Cornelia Gräbner

Urs M. Fiechtner / Sergio Vesely

Mit
Möwenzungen
in der
Mehrzweckhalle

Mit einem Beitrag
von
Dr. Cornelia Gräbner.

Herausgegeben von Stefan Drößler
Adrienne Träger, Johannes Schlichenmaier
und Pascal Bercher
in der
Edition Kettenbruch

epubli

Mit Möwenzungen in der Mehrzweckhalle

Covergestaltung: Stefan Drößler

Edition Kettenbruch, Band 3

Herausgegeben von Stefan Drößler, Adrienne Träger,
Johannes Schlichenmaier und Pascal Bercher

www.edition-kettenbruch.de

Druck und Verlag: epubli GmbH, Berlin, www.epubli.de

ISBN 978-3-7375-4350-7

Printed in Germany

Bibliografische Information der Deutschen Nationalbibliothek: Die Deutsche Nationalbibliothek verzeichnet diese Publikation in der Deutschen Nationalbibliografie; detaillierte bibliografische Daten sind im Internet über http://dnb.d-nb.de abrufbar.

Marion Schweizer zugeeignet

Mein Fahrschein ist fast achter Klasse, aber so reise ich, zufrieden unterwegs zu sein.
Mehr als nur eine Hand gibt Kraft mir in der Dunkelheit, mehr als nur einen Schritt spür' ich an meiner Seite.
Und wenn's mal anders ist, kenn' ich so viele Tote, die nachts den Weg erhellen.
Silvio Rodríguez

Urs M. Fiechtner

Andere Baustelle

Es soll Leute geben, die ihr Leben perfekt geplant haben. Oder deren Leben von anderen perfekt geplant wurde. Ich habe oft davon gehört und vielleicht gibt es sie auch irgendwo, aber ich bin solchen Leuten bisher noch nie begegnet, obwohl ich schon eine Weile auf diesem Planeten bin. Das Leben scheint seine eigenen Pläne zu haben und uns irgendwohin zu schieben, ohne dass wir uns in die Brust werfen und mit fester Stimme behaupten könnten, wir hätten es von Anfang an so gewollt. Oder doch wenigstens unsere Eltern.

Für die Eltern von Sergio Vesely trifft das jedenfalls nicht zu. Sie hatten für das Leben ihres Sohnes etwas ganz anderes geplant und sich so etwas wie einen Nationalökonomen oder Banker vorgestellt, ersatzweise vielleicht einen hohen Sportfunktionär in Gestalt eines emeritierten Schwimmweltmeisters. Oder irgendetwas von dieser Art. Aber bestimmt kein Universaltalent in allen Angelegenheiten der Künste — inklusive der Lebenskunst.

Meine Eltern hatten ebenfalls andere Pläne. Ich war bei meiner Geburt als General vorgesehen, nachdem in einer lange Reihe von Vorfahren, die allesamt im Staatsdienste gestanden und als Berufs- oder Reserveoffiziere in allen Kriegen gefochten hatten, es niemand weiter gebracht hatte als bis zum Rang eines Obersten.

Meine Mutter behauptete zwar, ich hätte mich im Alter von sieben Jahren darauf festgelegt, später einmal entweder Schriftsteller oder Indianer werden zu wollen, aber das ist nur eine Familienlegende und nicht ernst zu nehmen, da die Lehrstellen für Indianer schon damals ausgebucht waren.

Sergio Vesely hatte seinen ersten öffentlichen Auftritt weder in der Literatur noch in der Musik oder Politik, sondern bei den chilenischen Nationalmeisterschaften im Schwimmen. Das erwies sich als sehr gute, wenngleich völlig unbeabsichtigte Vorbereitung auf ein Leben als Musiker und Dichter, als Komponist und bildender Künstler. Man muss verdammt gut schwimmen können, um so ein Leben zu überstehen, und er zeigte sich schon bei seinem ersten Konzert als Meister in dieser Disziplin.

Es fand statt im berüchtigsten Folterzentrum Chiles, der Villa Grimaldi in Santiago, in das er als Widerstandskämpfer gegen die Militärdiktatur des Generals Pinochet geraten war. Seine Bühne war eine Zelle von der Größe eines Kleiderschrankes und sein Impresario war der Gefängniswärter.

Meinen ersten öffentlichen Auftritt hatte ich als siebenjähriger Knirps in der Uniform der Leute, die knapp zehn Jahre später Sergio Vesely verhaften würden. Ich war Offiziersanwärter h. c. der chilenischen Armee und nahm vor der Präsidententribüne in vollem Wichs die Parade zum Nationalfeiertag ab. Über Nacht wurde ich als *El pequeño Cadete* (Der kleine Kadett) zum

Maskottchen der Streitkräfte und Liebling der Nation. Und wenn alles nach Plan gegangen wäre, dann wäre ich es gewesen, der als junger Oberleutnant oder Hauptmann die Verhaftung des subversiven Subjektes Vesely angeführt hätte. Stattdessen schmetterte ich zu Zeiten des Putsches meine ersten antimilitaristischen Gedichte von deutschen Bühnen, und während Vesely in seiner Zelle sang, bastelte ich bei Amnesty International an der Freilassung politischer Gefangener in Chile und sonst wo auf der Welt. Aber auch das war eine gute Vorbereitung für ein Künstlerleben. Ein Quäntchen Soldatentum kann helfen, wenn man Gewaltmärsche durchhalten muss. Und wer schon einmal das Maskottchen der falschen Bande war, wird ganz leicht der antipoetischen Versuchung widerstehen können, einem Publikum nach dem Munde zu schreiben oder sich irgendjemandem anbiedern zu wollen. Schon gar nicht der Nation.

Da aber nun das Leben mich daran gehindert hatte, Sergio Vesely zu verhaften und ihn daran, ein neoliberaler Börsenspekulant zu werden, mussten wir mit dieser Planänderung irgendwie umgehen und deuteten sie als Einladung, stattdessen zusammenzuarbeiten.

Folglich ziehen wir seit rund vier Jahrzehnten kulturgetrieben durch die Lande, mal als Solisten mit Konzerten oder Lesungen, mal als Duo mit unseren Konzertlesungen, mal zusammen mit anderen Kolleginnen und Kollegen aus Musik oder Literatur, gelegentlich auch mal mit Chor und Orchester und immer häufiger als Hilfslehrer an Schulen oder Universitäten, um dort wehrlose junge Menschen mit hehrer Lyrik, vertrackter Prosa und fremden Rhythmen zu überfallen oder ihnen den Staub aus den Lehrbüchern zu pusten, wenn etwas über Freiheit und Menschenrechte erzählt werden soll.

Nicht alles spielt sich an den althergebrachten Stätten der Kunst oder Bildung ab, also an Stadtbibliotheken, Theatern, Volkshochschulen, Fortbildungsakademien, Museen, Schulen oder Universitäten. Sehr oft und gerne sind wir auch zu Gast bei gemeinnützigen Vereinen, die sich der Kultur verschrieben haben oder bei solchen, die Alternativen zum üblichen Kulturbetrieb suchen und sich dem Mainstream nicht unterordnen wollen. Oder die für ihre Themen werben wollen, aber dabei nicht unbedingt die Kunst an sich oder als solche meinen, sondern eines der unglaublich vielen Themen rund um die Freiheit, die Zivilcourage und die Menschenrechte.

Das ist ohne Zweifel das spannendste und sicher auch wichtigste Themenfeld unserer Zeit, aber auch das komplizierteste und belastendste, weshalb wir uns, da man sich mit Künstlerhonoraren keinen persönlichen Psychotherapeuten leisten kann, ganz gerne zur Erholung auch mit einer breiten Palette anderer Themen beschäftigen, wie etwa der Kulturgeschichte, der Liebe in schwierigen Zeiten, dem Zusammenspiel von Literatur und Musik, der Analyse indianischer Hochzivilisationen vor der Eroberung durch die Europäer oder der Frage, wie man sich in einer fremden Kultur zurecht findet. Oder was es eigentlich mit der deutschen Kultur auf sich hat und was das überhaupt sein soll. — Offen gestanden können wir diese Frage zwar immer noch nicht befriedigend beantworten, aber wir machen uns immer wieder Gedanken darüber und tun das ganz gerne nicht nur überall dort, wo man Deutsch spricht, sondern gelegentlich auch in Ländern, in denen man von deutscher Kultur nur Klischees im Kopf hat und freiwillig kaum auf den Gedanken käme, Deutsch sprechen oder es sich auch nur anhören zu wollen. Zum Beispiel in Holland oder Belgien oder Italien oder Chile. Oder in Sachsen.

Manchmal steht in der Zeitung, wir wären „Handlungsreisende in Sachen Menschenrechte". Das ist meistens nett gemeint, auch wenn es sich inzwischen herumgesprochen haben sollte, dass Künstler in aller Regel nichts von Geschäften verstehen, weil sie sonst einen anderen Beruf gewählt hätten. Und dass wir Etikettierungen gar nicht mögen und um Verkäufer, Missionare und andere Einredner gerne einen ganz großen Bogen machen; oder auch mal beim Wein darüber philosophieren, dass für solche Leute der Kochtopf des Kannibalen einstmals ein durchaus verständlicher Verbleib gewesen ist — dies aber selbstredend nur aus der rein kulturhistorischen Perspektive.

Trotzdem: auch wenn wir gewiss keine Handlungsreisenden in irgendwelchen Sachen sind und es nicht als unsere Aufgabe sehen, irgendjemandem etwas zu verkaufen, so ist es doch wahr, dass wir uns von keiner anderen Muse so gerne abknutschen lassen wie von der

Freiheit. Und dass wir von ihrer Schönheit und derber Anmut auch ganz besonders oft und gerne erzählen.

Wenn man nun sehr lange mit Kultur und Politik im Gepäck durch die Gegend reist, sammeln sich unterwegs mit der Zeit viele Geschichten an. Einige von ihnen haben etwas mit einer Art von Kulturleben zu tun, die man nicht täglich in einem Feuilleton beschrieben findet. Und die auch nur wenig mit einem zeitgeistigen Kulturbegriff zu schaffen hat, der sich immer mehr aus den Regeln der odiosen Ökonomie definiert und immer weniger aus denen der Kunst — der Inhalt gilt nicht mehr, nur sein Verkauf. Da ist es schon erklärungsbedürftig, wenn man trotzdem kein Verkäufer sein will. Also geben manche Geschichten auch Antwort auf Fragen, die uns unterwegs immer wieder gestellt werden, nämlich warum wir das tun, was wir tun, und was genau die Wurzeln und der Antrieb für unser Tun sein könnten.

Bisher waren wir zurückhaltend mit Geschichten über die eigene Arbeit und unsere Erfahrungen im Kulturbetrieb. Im Kulturleben, finden wir, sollen Künstler nicht um sich selber kreisen — obwohl alle Welt genau das von ihnen glaubt — sondern gefälligst mit ihren Themen Tango tanzen. Nicht mit sich selbst.

Trotzdem erzählen wir in diesem Buch nun einige Geschichten über die Herkunft unserer Arbeit und über unsere Erfahrungen mit dem Kulturbetrieb. Der Anstoß dazu kam nicht von uns, sondern von den Fragen, die uns unterwegs gestellt wurden. Oder genauer von den

Fragestellern, die uns erst bewusst gemacht haben, welche sehr aktuellen Themen in einem Fetzen Biographie stecken können, den wir bisher für unbedeutend hielten oder für Schnee von gestern. Gleich mehrere Texte in diesem Buch wären nie geschrieben worden (und zwei weitere Bücher in dieser Edition nicht erneut veröffentlicht) wenn der Ulmer Soziologe Lothar Heusohn, der in unseren Augen ein Universalgelehrter von humboldtianischen Ausmaßen ist, uns nicht einige sehr inspirierende Tritte in den literarischen Hintern verpasst hätte.

Und dann sind da noch die überaus merkwürdigen Erfinder und Herausgeber dieser Edition. Unter den vielen Verrückten, die wir unterwegs kennen gelernt haben, gehören diese zweifellos zu den besonders verrückten, aber auch besonders kreativen und liebenswerten. Ihnen wollten wir ein Buch anbieten, das wir in einem kommerziellen Verlag nicht gerne gesehen hätten. Und weil sie mit derselben Muse im Bett liegen wie wir.

Urs M. Fiechtner, Mai 2015

Urs M. Fiechtner

Mit Möwenzungen

Ich singe
mit Möwenzungen

mache eine Schaukel mir
aus Wind

breite meine Schwingen weit
über das Meer

habe einen Schnabel
mit lautem Gekreisch

mit falschen Tönen oft
manchmal verirrt, manchmal zu laut

das Gefieder schließlich
von Adlern zerzaust, nicht immer rein.

Trotzdem wiegt mich der Wind
und grüßt mich glitzernd das Meer.

Wir mögen uns eben.

Sergio Vesely / Urs M. Fiechtner

Nicht nur die Sprachverwirrung

Eins: Für den Opa

Keiner von uns konnte „Regenschirmständer" aussprechen, ohne mehrere Knoten hintereinander in die Zunge zu bekommen. Aus diesem Grund nannten wir das Möbel schlicht und einfach weiterhin *paragüero*. Das war leichter für uns. Obwohl ich zugestehen muss, dass einige von uns selbst dafür ein Wörterbuch brauchten, weil sie in der Vergangenheit noch nie einen echten *paragüero* gesehen hatten, teils weil man bei uns nicht unbedingt einsieht, dass jedes Ding auf der Welt auch sein eigenes Möbel verlangt, und teils, weil der Regen ein seltener Gast in unserer chilenischen Heimat ist.

Wie gesagt: wir hatten beschlossen, den Regenschirmständer ganz und gar spanisch zu belassen. Wegen der Sache mit der Zungenartistik. Und weil uns die Teamarbeit zwischen Wörtern sehr fremd war. Wir kamen aus einem stolzen Land, wo alles und jeder auf jedes und alles sehr stolz ist. Auch die Wörter auf sich selbst — niemals würden sie sich zusammensetzen, um ein neues zu bilden. Außerdem kamen wir aus einer Diktatur. Da gab es nur ein Oben und ein Unten, Befehl und Gehorsam, Ja oder Nein. Es gab keinen Ausgleich der Interessen, wie in einer Demokratie. Es gab keine Runden Tische. Man setzte sich nicht zusammen, um eine Lösung zu finden, sondern legte mit militärischen Mitteln fest, was die Leute zu denken und zu sagen hatten. Kompromisse waren wir nicht gewöhnt.

Trotzdem gab es eines Tages eine Wende — wir fanden eine Zwischenlösung, die uns überzeugte. Sie war vielleicht nicht die richtige für die netten Leute von der Volkshochschule, die uns gutes Deutsch beibringen wollten, aber sie hatte einen enormen Vorteil: wir alle konnten sie fehlerfrei ins Deutsche übersetzen und wussten, dass ein *paragüero* gemeint war, obwohl von etwas ganz anderem die Rede war.

Die Geschichte ist eigentlich für Insider, aber ich erzähle sie trotzdem. Ich finde sie sehr bereichernd. Sie sagt etwas aus über die unverschämte Kraft der Naivität.

Die Sache war die, dass unter uns Flüchtlingen damals ein Landsmann mit einem Sprachfehler wohnte. Er sprach Spanisch wie die Chinesen. Also ohne „r". Eines Tages kam er zurück von einem netten winterlichen Spaziergang durch die Altstadt und schrie an der Haustür nach dem *paragüero*. „Pa'labuelo" rief er. „Wo ist der *pa'labuelo*?"

Und schon war es passiert. Wir mussten lachen, und während wir lachten, fanden wir die neue Bezeichnung für den unaussprechlichen Regenschirmständer. Wir übersetzten, was wir gefunden hatten. Es waren drei Wörter, und die bereiteten uns in keiner der beiden Sprachen irgendwelche Schwierigkeiten: „Para el abuelo" = „Für den Opa".

Seit diesem Tage sagen wir nicht mehr *paragüero*. Wenn wir tropfnass in der Haustür stehen und den Regenschirm so ordentlich und rücksichtsvoll, wie es hierzulande Sitte ist, ins Trockene bringen wollen, suchen wir den Fürdenopa.

ZWEI: ANMELDEARSE

Se anmeldearon? — Eine merkwürdige Frage. Am Anfang verstanden wir sie nicht. Was war nur damit gemeint?

Wir konnten es nicht wissen, weil dieses Wort in unserer Sprache nicht existierte. Bei uns zu Hause ist man einfach da, ohne jemanden von seiner Existenz amtlich informieren zu müssen. Hier ist das anders.

Das Wort war eine Erfindung der Flüchtlinge, die vor uns in Deutschland angekommen waren und irgendwie versuchten, mit den exotischen Sitten und Gebräuchen ihres Gastlandes ins Reine zu kommen.

Eines stand von Anfang an fest: hier musste man sich *anmeldearen*. Überall. Jederzeit. Ständig. Das Wort klang wie eine Warnung. Wer es zum ersten Mal hörte, dem stand die Angst im Gesicht. Wir ließen uns nicht ohne Weiteres beruhigen. Die Erklärungen waren verwirrend. Wir waren frei, aber wir dachten bei diesem Wort sofort wieder an das Gefängnis.

Tatsächlich konnte man diese Frage kaum übersetzen. Das Wort war eine Leihgabe aus der Kultur unserer Gastgeber. Die Deutschen leben damit ihr ganzes Leben. Sie sind *anmeldeados* seit ihrer Geburt.

Für uns aber war es eine schreckliche Vorstellung. Wir waren die Flüchtlinge der schlimmsten Diktatur, die unser Land jemals erlebt hatte, aber noch nie hatten wir eine solche Gemeinheit erduldet: wir sollen wirklich dem Staat preisgeben, wo wir wohnen? Wo wir essen und schlafen, wo wir uns lieben und mit unseren Kindern streiten, wo wir unsere Krankheiten ausheilen und uns mit Freunden treffen? Unmöglich. Die Polizei wollte wissen, wo wir zu finden waren. Das konnten wir nicht zulassen. Wir misstrauten der Polizei zutiefst. Nicht der deutschen, sondern der Polizei an sich. Sie hatte uns verfolgt, verhaftet, gefoltert, inhaftiert und schließlich deportiert. Wie konnte man so etwas von uns verlangen?

Aber in Deutschland muss sich jeder anmelden. Was nicht in den Akten ist, ist nicht in der Welt, sagten die alten Römer, und die Deutschen praktizierten es. Wir philosophierten darüber, ob eine Frau hierzulande sofort zum Einwohnermeldeamt rennen muss, wenn sie erfährt, dass sie schwanger ist. Und was das Wort „melden" da zu suchen hat, das wir nur vom Militär kannten. Wie meldet man der Welt einen neuen Bewohner? Muss man sich aufbauen wie auf dem Kasernenhof und die Hacken zusammenschlagen und so etwas brüllen wie: „Melde gehorsamst, neuer Erdenbürger eingetroffen!?"

Jedenfalls sind in Deutschland alle Menschen *Anmeldeados*. Es ist strikte Bedingung für alle Einheimischen und eine unausweichliche Amtshandlung für alle Anwärter auf den Status eines Flüchtlings: man existiert nicht nur einfach so unordentlich vor sich hin, sondern man existiert amtlich. Damit die Sache ihre Ordnung hat.

Wir hatten keine Wahl. Uns blieb nichts anderes übrig, als uns dem Schicksal zu beugen. Wir wurden stinknormale *Anmeldeados*. Also war die Frage „*se anmeldearon?*" an die neuen Ankömmlinge der chilenischen Exilfamile berechtigt. Man wollte die Leute auf das Neue vorbereiten und wissen, wie sie mit dem Problem fertig wurden. Man tauschte Erfahrungen aus. Man erzählte sich die neuesten Episoden aus der Serie der Albträume. Es baute sich so etwas wie ein Psychosyndrom der Angemeldeten unter uns auf. In Stuttgart hatten wir sogar eine interne Zeitung mit dem Namen *El Anmeldeado*. Die Idee war schön und hatte Witz. Der Name war in doppeldeutiger Form richtig. Diese Zeitung war die Trägerin von Meldungen aus der Welt der Angemeldeten.

Wir redeten und redeten über *anmeldearse* und die *Anmeldeados*. Es war fast unser einziges Thema. Die Anwendung des Wortes wurde immer feiner, immer vielfältiger. Wir konnten das Verb bald in allen Formen verwenden, als wäre es unser Wort oder als wären wir es gewesen, die die Manie in die Welt gesetzt hätten, sich überall anmelden zu müssen:

Indikativ
Yo me anmeldeo
tú te anmeldeas
él/ella se anmeldea
nosotros nos anmeldeamos
vosotros os anmeldeáis
ellos/ellas se anmeldean

Imperfekt
Yo me anmeldié
tú te anmeldeaste
él/ella se anmeldió
nosotros nos anmeldeamos
vosotros os anmeldiasteis
ellos/ellas se anmeldearon

Konjunktiv
yo me anmeldearía
tú te anmeldearías
él/ella se anmeldearía
nosotros nos anmeldeariamos
vosotros os anmeldearíais
ellos/ellas se anmeldiarían

Zukunft
yo me anmeldearé
tú te anmeldearás
él/ella se anmeldeará

nosotros nos anmeldearemos
vosotros os anmeldiaréis
ellos/ellas se anmeldiarán

Partizip
anmeldeado

Gerundium
anmeldeando

Imperativ
anmeldéate
anmeldéese
anmeldeaos
anmeldéense

Negation
NO ANMELDEARSE!

DREI: TRIPOLIS

Als ich noch nicht einmal wusste, wo Libyen auf der Weltkarte lag, las ich in einem Prospekt den Namen einer unbekannten Stadt. Tripolis.

Tripolis, wiederholte ich laut, um den Klang besser zu verstehen. Was konnte das sein? Ich wusste es nicht und es war keiner da, der mir eine Antwort hätte geben, kein Buch in meinem Regal, wo ich hätte nachschlagen können.

Normalerweise, wenn die Neugier mich durstig macht, warte ich, bis ich sie stillen kann. Aber mit Tripolis war das anders. Ich konnte es nicht lassen, immer wieder über die Bedeutung nachzusinnen und legte mir zu meiner Beruhigung eine These zurecht, die mir ganz schlüssig vorkam: der Name Tripolis musste verwandt sein mit dem Wort *tripas*, was in meiner Sprache Gedärme bedeutet.

Ich frage mich noch heute, wie ich auf diesen Gedanken kam. Nun, der Zufall wollte es, dass ich damals ganz in der Nähe der *Fiambreria Alemana* wohnte. Und da flogen meine Gedanken hin.

Die Deutsche Metzgerei war eine Attraktion in Santiago de Chile. Dort hingen dutzende von *tripas* an den Fleischerhaken. In verschiedenen Größen und Formen und Färbungen lockten sie die Passanten an die Schaufenster — es war das *Haus der Tripas*. Die Kunden bildeten regelrechte Schlangen, um da reinzugehen und original deutsche Würste zu ergattern. Wir alle waren schon drinnen gewesen. Und jeder von uns hatte sich schon mal gefragt, woher diese *tripas* kamen, wo sie hergestellt wurden. In Chile hatten wir damals solche Fabriken noch nicht.

Urplötzlich hatte ich eine Vermutung — konnte es sein, dass Tripolis etwas damit zu tun hatte? War Tripolis eine deutsche Stadt, eine, die darauf spezialisiert war, *tripas* herzustellen? Die Stadt, aus der die Köstlichkeiten der *Fiambreria Alemana* stammten? Über den Ozean geschickt, in unglaublich schweren Kisten, die eigentlich Kühlschränke waren? Ich konnte es mir bildlich vorstellen. Die Deutschen waren zu allem fähig — auch Berge zu versetzen. Berge von Würsten.

Sie waren Emigranten in Santiago, aber lebten mit einem Fuß noch immer in der alten Heimat. Sie ließen sich die Mercedesse aus Untertürkheim und Sindelfingen schicken, die Aufzüge aus dem Ruhrgebiet, das Bier aus München und die Gedärme — die Gedärme aus Tripolis. Das schien mir logisch zu sein und bei dieser Erklärung blieb ich. Jedenfalls vorläufig.

Viele Jahre später kam ich als aufgeklärter junger Mann nach Deutschland. Damit will ich sagen: als einer, der zwar über eine gewisse Allgemeinbildung verfügte, viele Bücher gelesen und manch eines davon auch verstanden hatte, der aber trotzdem in der Lage war, an einem unbekannten Bahnhof panikartig aus dem Zug nach Frankfurt zu springen, weil die vielen kleinen Schilder in seinem Waggon ihm sagten, dass er in dem ganz falschen Zug nach „Raucher" saß — aber auf der anderen Seite eben als einer, der einen so undeutsch klingenden Namen wie Tripolis selbstverständlich niemals auf deutschem Boden suchen würde. Nun, es ist nicht ganz leicht, zu erklären, was in dem Kopf eines ausländischen jungen Mannes geschieht, wenn er auf einem unbekannten Bahnhof nach Orientierung sucht, irgendwo auf der Strecke nach Raucher, und dann erfährt, wo er gelandet war: in Darmstadt.

Ich war geschockt. Regungslos stand ich auf dem Bahnsteig und wusste nicht, was ich denken sollte. Ich hatte das scheußliche Gefühl, das Opfer eines gezielten Ablenkungsmanövers zu sein. Konnte es sein, dass Tripolis doch in Deutschland lag?

Es war zu viel für mich. Ich setzte mich hin, schloss die Augen und versuchte mich zu sammeln, bevor ich daran dachte, meinen Weg nach Frankfurt fort zu setzen.

VIER: DEUTSCHSTUNDE

„Wie heißt der *Viejo Pascuero* auf Deutsch?" — wollte mein Bruder wissen. „Weihnachtsmann" — antwortete ich. „Was?" — fragte er überrascht. „Weih-Nachts-Mann" — buchstabierte ich langsam.

Er grübelte eine Weile und fing dann an zu lachen. So eine Übersetzung für den *Viejo Pascuero* hätte er sich nicht mal im Traum ausgedacht. Eigentlich, meinte er, beleidigten die Deutschen den guten alten Mann damit.

Mein Bruder, das muss man dazu sagen, glaubt Deutsch zu verstehen, obwohl er es nicht spricht. Manchmal gelingt es ihm, das eine oder andere richtig zu übersetzen, meist über den Umweg der englischen Sprache, die er einigermaßen gut beherrscht. Deshalb glaubt er, dass das immer funktioniert. Aber da liegt er falsch.

Es ist nämlich ziemlich falsch zu behaupten, dass der deutsche Begriff „Weihnachtsmann" dasselbe wäre wie Wine-Night-Man in der englischen Sprache. Das führt nur zu Missverständnissen, ja zu monströsen

Ungereimtheiten. Aber mein Bruder will nichts davon wissen und bleibt bei seiner Übersetzung, obwohl sie quatsch ist.

Wenn er in dieser Stimmung ist — das weiß ich seit meiner Kindheit — macht es keinen Sinn, ihn von seiner Welle herunter holen zu wollen. Er hört nicht auf Dich. Du kannst ihm dann kirchliche Rituale oder wohlriechende Substanzen lang und breit erklären. Es geht an ihm vorbei. Er will jetzt etwas ganz anderes wissen und seine Laune könnte eine üble werden, wenn Du nicht mitmachst.

Deswegen schaute ich ihn nur kurz ein bisschen grimmig an, als er damit begann, merkwürdige Wortgebilde zu bauen wie „Wine-days-man" oder „Wine-afternoons-man". Ich fürchtete mich vor dem, was da auf mich zukommen würde und überlegte mit Eifer, wie ich mich aus der Affäre ziehen konnte.

Aber es wurde dann noch schlimmer, als ich gedacht hatte. Wir verbrachten einen geschlagenen Tag damit, über die unterschiedlichen Tageszeiten eines mutmaßlichen Weinmannes zu diskutieren und einige Begriffe der deutschen Sprache einzuüben, nur damit er sie an seine fixe Idee verschleudern konnte. Und ich half ihm auch noch dabei.

Die Germanisten mögen mir verzeihen. Mit meiner Hilfe wurde die deutsche Sprache verunstaltet. Fremde Völker lernten falsche Ausdrücke durch meine Schuld. Ich schäme mich dafür, denn die deutsche Sprache ist eine sehr ernsthafte Sache und wurde nicht geschaffen, um an Unsinn verschwendet zu werden. Aber, wie ich schon sagte: mein Bruder wollte nicht hören, und ich wollte wegen eines älteren Herren mit einem Übergewichtsproblem nicht unsere alte Freundschaft riskieren.

Am nächsten Tag erhielt ich die Quittung für meine Unvernunft. Ich hatte vergessen, dass mein Bruder nicht nur sehr stur sein konnte, sondern außerdem noch ein gutes Gedächtnis hatte. Was er sich einmal eingeprägt hatte, vergaß er nicht mehr.

Wir fuhren durch die Stadt. Auf einmal bremste er und zeigte auf ein Haus an der Straße. „Dort wohnt ein alter Freund von uns, der jetzt völlig alkoholisiert dahinvegetiert“, sagte er. „Dort wohnt der authentische Weinnachtsmann!“.

Ich, der um diese frühe Stunde noch nicht ganz erreichbar war für seine Witze, schaute ihn verständnislos an. Und er, als ob er sich darauf vorbereitet hätte, fing sprudelnd damit an, alles zu wiederholen, was wir am Vortag eingeübt hatten:

„Der Weinmorgensmann. Der Weinvormittagsmann. Der Weinmittagsmann. Der Weinnachmittagsmann. Der Weinabendsmann. Der Weinnachtsmann. Und der Weindenganzentagmann“ — beendete er seine Deutschlektion und jubelte ekstatisch wie ein erfolgreicher Torjäger. Dann schickten wir dem alten Freund gedankliche Grüße und Genesungswünsche über den Zaun und fuhren weiter. Ich stöhnte. Witze werden anstrengend, wenn man sie in die Länge zieht. Aber vielleicht war das ja nicht bloß eine Witzelei. Und die Deutschstunde war damit auch noch nicht beendet.

Tage später, kurz vor meiner Abreise — wir wussten, dass wir uns für eine lange Zeit nicht wieder in der alten Heimat sehen würden und es war uns eigentlich nicht nach Blödeleien zumute — nahm er mich beiseite und fragte mich ganz ernsthaft: „Warum haben die Deutschen eigentlich an Wein gedacht und nicht an ihr gutes Bier, als sie dem guten *viejo pascuero* diesen abscheulichen Säufernamen gegeben haben? Warum eigentlich nicht Biernachtsmann, na?!“.

Ich wusste keine Antwort. Ich dachte nur an Condorito, eine unsterbliche Comicfigur in meiner Heimat. Immer, wenn Condorito sich überfordert fühlt, fällt er stracks auf den Rücken und stammelt „ich verlange eine Erklärung“. Das hätte ich jetzt auch gerne getan. Allerdings bekommt Condorito nie eine Erklärung. Das ist bei uns so üblich, nicht nur in den Comics.

Unsere Welt ist voll von Dingen, die eine Erklärung fordern, aber keine erhalten — Armut, Hunger, soziale Ungleichheit, schreiende Ungerechtigkeit, politische Verfolgung und tausend Sachen mehr. Wir bekommen nie eine Erklärung.

Deshalb basteln wir uns unsere eigenen. Darauf sind wir trainiert und beherrschen diese Kunst, auch wenn manchmal seltsame Sachen dabei herauskommen. Außerdem sind wir sehr sture Leute. Wir verstricken uns gerne in die Erklärungen, die wir uns selbst geben müssen, weil man uns mit Erklärungen kurz hält. Wir diskutieren gerne und überall und pausenlos und über alles, aber wir tun das eigentlich nicht, um eine ernsthafte Lösung zu finden, sondern um unseren Stolz hoch zu halten, auch und besonders dann, wenn das Leben nichts anderes im Sinn hat als uns täglich zu demütigen. Das Leben ist gegen uns — also beharren wir darauf, es uns zum Freund zu machen und es so hinzubiegen, dass man mit ihm leben kann. Bei uns braucht man Sturheit, um zu überleben. Und mein Bruder ist eben ein Überlebenskünstler.

FÜNF: DER DOLMETSCHER

Dass es zwischen den Völkern und Kulturen immer wieder zu Sprachverwirrungen kommt, ist nichts Neues und nur zu leicht verständlich. Die Sprache einer Kultur hat etwas mit ihren Gewohnheiten, mit ihrer Denkart und ihren Erfahrungen zu tun. Man kann das nicht 1 : 1 in die Lesart anderer Völker übertragen.

Schwieriger steht es mit der Sprachverwirrung innerhalb einer Kultur, nämlich wenn Worte für die Mitglieder einer Familie etwas ganz verschiedenes bedeuten. Dafür gibt es kein Lexikon. In meiner Familie hatte ich zum Beispiel eine Menge Probleme mit der Definition von Wörtern wie Zukunft, Gerechtigkeit, Fortschritt, Leben. Die meisten Probleme hatte ich mit meiner Mutter.

Sie war das jüngste Mädchen einer zehnköpfigen Familie und lebte in einem scheinbar gut erhaltenen

Viertel des alten Santiago de Chile. Aber hinter den gutbürgerlichen Fassaden bröckelte die ökonomische und menschliche Substanz. Die schiere Verzweiflung war ein häufiger Gast im Haus ihrer Eltern. Mit den Jahren verschlechterte sich die Lage so sehr, dass sie die Schule abbrechen musste. Es gab kein Geld mehr, um sich den Luxus leisten zu können, dem jüngsten Mädchen eine Ausbildung zu bezahlen.

Aber es sollte noch schlimmer kommen. Die Eltern starben und sie musste für einen Hungerlohn arbeiten, um überhaupt zu überleben. Es gab keine soziale Absicherung, kein Netz, das einen Menschen in der Not vor dem Absturz ins Elend bewahren würde. Anstatt Wohlstand und Wärme zu spüren, lernte sie die bitteren Seiten des Lebens kennen — Ausbeutung, Einsamkeit und die von allen Seiten drohenden Gefahren des Absinkens in nackte Armut und Hoffnungslosigkeit. Sie musste alleine bestehen in einer Gesellschaftsordnung, in der alleinstehende Mädchen so gut wie keinen Platz hatten. Aber sie gab nie auf. Sie wollte raus aus ihrer engen, ärmlichen Welt. Sie hatte ein Ziel. Es stand alles gegen sie, aber obwohl sie übergenug Gründe hatte, um zu jammern, schwamm sie stolz und unbefleckt durch ihr Elend wie ein Schwan in einem Teich voller gewöhnlicher Enten.

Ihr Stolz und ihr Lebensmut erregten eines Tages die Aufmerksamkeit eines Architekten, der sie bald über alles liebte. Das war mein Vater. Und gemeinsam mit ihm schaffte sie es dann doch, ein bisschen von den süßen Seiten des Lebens zu erobern, soweit sie einem normalen Chilenen zur Verfügung stehen. Aber sie hatte nichts vergessen — kein bisschen von den Starthilfen, die ein junger Mensch im Leben braucht und die ihr versagt worden waren, kein bisschen von dem Leben am Rande des Absturzes und kein bisschen vor der alten Angst, eines Tages allein dazustehen und nichts zu haben als sich selbst. Sie hatte gute Gründe, das Leben so zu sehen, wie sie es sah. Und gute Gründe, einige Worte anders zu verstehen als ich es tat.

Als ich auf die Welt kam, lebten wir in Santiago wie die Maden im Speck. Uns fehlte es an nichts — jedenfalls an chilenischen Verhältnissen gemessen. Klar, wir spielten immer noch in einer untergeordneten Liga von Maden, aber wir hatten alles, was wir zum Leben brauchten. Formal betrachtet, gehörten wir zur gehobenen Mittelschicht einer Klassengesellschaft, in der weit über die Hälfte der Bevölkerung unterhalb der Armutsgrenze vegetierte und eine winzige aber unermesslich reiche Minderheit sich die teuersten Extravaganzen leisten konnte.

Immerhin, wir besaßen ein Auto und konnten in den Ferien ans Meer fahren. Ein Luxus! Einen Arzt konnten wir uns leisten, wenn es nötig war, was auch eine Art von Luxus ist, weil man bei uns aus Mangel an Alternativen lieber stirbt, als sich die Kosten für medizinische Versorgung aufzuhalsen. Ein toter Kranker ist beides auf einen Schlag los: die Krankheit und den teuren Arzt. Wir konnten uns die Verschwendung leisten, lieber gesund zu werden, als zu sterben. Mein Bruder und ich konnten eine der besten Schulen des Landes besuchen und hatten gute Aussichten auf einen Platz an der Universität.

Das war der große Traum unserer Mutter: Ihre Kinder sollten es besser haben als sie, ihre Kinder sollten eine gute Ausbildung haben wie der Vater und „jemand sein", ihre Kinder sollten mit einem Startkapital schwimmen lernen und unversehrt durch die Tücken des Lebens kommen, am besten mit einem akademischen Titel — denn nur mit einem Titel war man ein Jemand in unserer rauen Welt. Sie wollte uns mitgeben, was man ihr einst nicht mitgeben konnte.

Aber der Traum ließ sich nur zu Hälfte realisieren. Mein älterer Bruder erfüllte reibungslos alle Erwartungen und wurde Ingenieur in Rekordzeit. Aber ich, das Nesthäkchen, kam auf ganz andere Ideen. Meine Mutter konnte nie verstehen, warum ich die Dinge anders sah, der Universität den Rücken kehrte und mich einer halblegalen revolutionären Gruppe anschloss, die von mir verlangte, mein Zuhause zu verlassen und in eine konspirative Wohnung umzuziehen.

Im Gegensatz zu ihr kannte ich die soziale Ungerechtigkeit in unserem Land nur aus Büchern — und, versteht sich, wie alle anderen Chilenen meiner sozialen Schicht, als scheinbar unbeteiligter Beobachter. Überall wo wir gingen und standen, kamen barfüßige Kinder und bettelten um ein Brot. Ich fühlte mich schlecht dabei und habe mich nie damit abfinden können. Meine Mutter konnte es.

Als ich begann, mich für die politischen Probleme meines Landes zu interessieren, wählte ich als meine Vorbilder nicht sanfte Wohltäter wie Albert Schweitzer oder Mutter Teresa und schon gar nicht irgendwelche ruhmbedeckten Nationalhelden aus der Oberschicht, sondern konsequente Revolutionäre wie Ernesto „Che" Guevara oder Fidel Castro, die den Aufstand der Entrechteten proklamierten und die Eroberung einer besseren Zukunft für alle. Ich interessierte mich nicht für die Frage, ob es mir gelingen würde, ein paar Sprossen auf der sozialen Leiter emporzusteigen — ich wollte die soziale Leiter umstoßen.

Meiner Mutter war dieser Gedanke fremd. Sie hatte gelernt, dass die sozialen Verhältnisse eine von Gott gewollte Tatsache sind. Gottgewollte Verhältnisse kann man nicht ändern, aber man kann lernen, sich in ihnen zu bewegen und seinen Vorteil zu suchen. Ich hingegen fand, dass die Verhältnisse eine von Menschen angerichtete Schweinerei waren und dass sich niemals etwas ändern würde, wenn jeder nur seinen eigenen Vorteil suchte.

Wir begannen, verschiedene Sprachen zu sprechen. Wenn meine Mutter „Zukunft" sagte, meinte sie damit die Zukunft unserer Familie, das Auskommen der Kinder und Enkel, das Häuschen, das tägliche Brot; wenn ich dasselbe Wort benutzte, meinte ich damit eine andere Gesellschaftsordnung, ein besseres Dasein für alle Familien im ganzen Land.

Wenn Sie von „Gerechtigkeit" sprach, hatte das immer mit Belohnung oder Strafe zu tun und meinte, soweit es über ihren Wirkungskreis hinausging, meist jene Dinge, die der liebe Gott nach eigenem Ermessen entweder heute und hier oder einst und im Jenseits regeln würde. Hingegen dachte ich bei diesem Wort an einen Rechtsstaat, in dem alle Menschen vor dem Gesetz gleich waren und an eine faire Chance für alle, ein friedliches, geschütztes und menschenwürdiges Leben zu führen.

Unter „Fortschritt" verstand meine Mutter ein neues Auto, einen besseren Fernseher, den Flug zum Mond, ein erstaunliches Gerät in der Praxis ihres Arztes. Ich verstand darunter, an die Stelle des alten Faustrechts des Stärkeren eine solidarische Gesellschaftsordnung zu setzen, in der die Menschen sich gegenseitig stützen. Und wenn sie das Wort „Leben" in den Mund nahm, meinte sie damit meist die Anstrengung, die eigenen Schäfchen ins Trockene zu bringen, sich für die nächste Generation der Familie zu schinden und mit den privaten Mühsalen und Anfeindungen des Tages fertig zu werden.

Ich aber meinte mit „Leben" das ganze Leben, meines und das aller Bewohner unseres verwirrten Planeten, ich meinte die Freiheit, unser Dasein so zu gestalten wie wir es für richtig halten und nicht, wie es andere zu ihrem Vorteil uns vorschreiben wollen. Und ich fand dass wir nichts vernünftigeres tun können, als es erstens in vollen Zügen zu genießen und es zweitens in einem besseren Zustand zu verlassen, als wir es vorgefunden haben.

Kurzum — die Wörter unserer gemeinsamen Sprache waren einander so fremd geworden, als stammten sie aus den Lexika verschiedener Völker. Ich war schon ein Ausländer, bevor ich mein Land verließ.

Als ich wegen meiner Mitarbeit im Widerstand gegen die Militärdiktatur verhaftet und nach einem langen Weg durch Gefängnisse, Konzentrationslager und Verhörzentren von einem Militärtribunal förmlich zur Verbannung verurteilt und damit zur Ausreise nach Deutschland gezwungen wurde, muss das für meine Mutter ein furchtbarer Schock gewesen sein. Ein mehrfacher. Erst die Angst um mein physisches Überleben; die Garde der Generäle ging gern über Leichen und war auch noch stolz darauf. Dann die Angst um meine Zukunft. Der Sohn wurde abgeschoben in ein fernes, fremdes Land, einfach so — und das auch noch ohne akademischen Titel. Vor ihrem inneren Auge muss sie mich damals erst tot und dann als einen in Lumpen gehüllten Bettler auf den Straßen eines fernen Landes gesehen haben.

Damals war ich zu sehr mit mir selbst beschäftigt, um darüber nachzudenken. Heute weiß ich, dass es sie vielleicht getröstet hätte, zu wissen, dass ich trotz aller Sprachprobleme unzweifelhaft ihr Sohn bin und folglich einige ihrer Gene mit mir herumtrage. Ihre Zähigkeit.

Ihren Stolz. Ich bin zwar kein Schwan und bin auch keinem Architekten begegnet, den ich heiraten würde, aber ich kann auch ganz gut wieder aufstehen, wenn ich auf der Nase liege.

In Deutschland kam ich gewissermaßen auf der Nase liegend an, aber ich richtete mich ganz schnell auf, weil ich sie zum Schnuppern brauchte. Die fremde Kultur, die andere Sprache, die Demokratie, die solidarische Gesellschaftsordnung, der freie Zugang zu Bildung und Information, die an die Menschenrechte angelehnte Verfassung, das ganz und gar exotische Gebaren der Ureinwohner — all das erregte meine Neugier und meinen Wunsch, dazuzulernen. Übrigens so sehr, dass ich Jahre später selbst ein Deutscher wurde, jedenfalls dem Pass nach. Ich hatte viele Gründe dafür. Einer davon war, dass ich zum ersten Mal in meinem Leben an einer allgemeinen, freien und geheimen Wahl teilnehmen wollte.

Dass ich nicht lange mit der Nase auf dem Boden schrammen musste, lag aber auch daran, dass mich die Deutschen sehr freundlich aufgenommen haben. Manche sogar neugierig. Ich durfte Bücher schreiben und Platten aufnehmen und die Deutschen waren höflich genug, sich damit zu beschäftigen. In den Augen meiner Mutter war ich damit noch längst kein Jemand, denn ich konnte mir kein Diplom und keinen Meisterbrief an die Wand hängen, die mich amtlich als Dipl. Schriftsteller und als Dr. Musikmeister ausgewiesen hätten, aber ich war auch kein Kandidat für jenen Fall in den Abgrund, der ihr immer vor Augen gestanden hatte.

Trotzdem brauchen wir einen Dolmetscher, um uns wieder gut zu verstehen. Er stand eines Tages in der Tür, machte eine nonchalante Verbeugung und stellte sich als Tango vor.

Ich Trottel hätte früher darauf kommen sollen, dass die Musik neue Sprachen schafft und Brücken zwischen den alten Sprachen baut, schließlich sieht man mich selten ohne eine Gitarre. Aber andererseits kommen Söhne, die über ihre Mütter nachdenken, nicht unbedingt als Erstes auf den Tango.

Der Tango ist eine besondere Art von Musik. Für Europäer ist er meist nicht mehr als ein kunstvoller, ein bisschen erotischer und ein bisschen lasziver Gesellschaftstanz, mit dem man Eindruck schinden kann. Und sie kennen ihn fast nur als Musik ohne Worte. Für uns ist er weit mehr. Er hat etwas mit Poesie zu tun. Und sehr viel mit der Seele des Volkes. Er ist eine Kommunikationsform über die Widrigkeiten des Daseins, über unsere Sorgen und Nöte, über die individuelle Erkenntnis dessen, was Leben heißt. Mit einem Tango singen wir von den elementaren Dingen des Lebens, von Liebe, Enttäuschung und Verrat, von dem Arrangement mit unseren Niederlagen, von der Sehnsucht und unseren unerfüllten Träumen, vom unentrinnbaren Tod und den ganzen großen und kleinen Theaterspielen, die ihm vorangehen. Der Tango kreist um die Dinge, die wirklich wichtig sind und die jeder von uns kennt, egal, woher er kommt und in welchen Sphären er sich sonst bewegt. Seine Sprache ist einfach und klar und orientiert sich am Umgangston auf der Straße; er spricht unser aller Sprache. Manchmal ist sie schräg, manchmal so gewöhnlich wie der Alltag um uns herum. Da er die Wahrheiten des Lebens in einer ungeschminkten Sprache auf den Punkt bringt, ist sein Ton weltweise und somit melancholisch, was alerte Europäer sofort mit Depression verwechseln. Aber der Tango ist nicht traurig. Er sieht das Leben nur so, wie es eben ist.

Eines Tages war meine Mutter zu Besuch bei uns und ich erinnerte mich daran, dass meine Kindheit von Musik durchzogen war. Mein Vater brachte mir das Spiel auf dem Akkordeon bei. Meine Mutter sang im Haus, wann immer ihr danach war. Also holte ich meine Gitarre heraus und bat sie, etwas für uns zu singen. Sie wählte einen Tango. Und dann noch einen. Und noch einen. Am Anfang begleitete ich sie nur mit der Gitarre. Aber bald sangen wir im Duett. Sie sang meisterhaft. Wie ein Schwan. Ihre Stimme war voll und leidenschaftlich und lebenserfahren zugleich. Sie wählte Lieder aus, die uns beiden etwas sagten. Es war so gut, dass ich sie schon nach wenigen Tagen ins Studio schleppte, um eine Platte aufzunehmen. Wir hatten wieder eine gemeinsame Sprache gefunden.

Das heißt noch nicht, dass wir uns von da an in allen Dingen des Lebens einig gewesen wären. Sie spricht noch immer ihre eigene Sprache und ich die meine. Aber wir haben einen guten Dolmetscher, den man auch tanzen kann.

Sechs: Denken-Dorf

Wenn Europäer über Flüchtlinge reden, klingt das manchmal, als ob irgendwelche gelangweilten Abenteurer aus Weitfortistan es sich in den Kopf gesetzt hätten, sich hier zu bereichern, die Ureinwohner beiseite zu boxen, ihnen ihre Mercedesse und Porsches wegzunehmen und unverdientermaßen das Leben von Parasiten zu führen.

Bei mir war das anders. Ich habe mir Europa gar nicht ausgesucht, geschweige denn Deutschland. Ich saß auf unbestimmte Zeit in diversen Gefängnissen und Konzentrationslagern einer altertümlichen Militärdiktatur, weil ich es für normal hielt, Freiheit und soziale Gerechtigkeit zu verteidigen und für kriminell, Bücher und Lieder zu verbieten. Die Generäle sahen das genau umgekehrt. Sie konnten mich aber nicht umbringen und irgendwo verscharren, weil meine Verhaftung bekannt geworden war und große Menschenrechtsorganisationen wie Amnesty International meinen Fall registriert hatten. Doch man wollte mich trotzdem loswerden und beschloss, mich zur Verbannung zu verurteilen. Ein Militärgericht fasste den Beschluss und schickte mich ins Ausland.

Ich landete in Deutschland. Aber das war nur ein Zufall und, ehrlich gesagt, nicht mein Wunsch. Es hätte auch Australien, Kanada oder Rumänien sein können. Oder der andere Teil Deutschlands, den man damals noch DDR nannte. Gekommen bin ich nicht freiwillig, aber ich bin freiwillig geblieben. Nicht, um jemandem einen Mercedes wegzunehmen oder gar einen Arbeitsplatz. Sondern weil das Land schön ist und die Leute liebenswert, auch wenn man sie nicht sofort versteht und ihre Kultur viele Geheimnisse birgt, die zu erforschen sich lohnt.

Darauf kommt es an. Unterschiedliche Kulturen und Lebensweisen sind kein Grund, sich ängstlich in eine Ecke zu kauern oder die Verteidigungsinstrumente der Barbaren herauszuholen, um alles Fremde zu verdrängen. Man muss nicht alles gut und richtig finden, was die anderen tun. Aber man sollte ihre Gründe kennen. Also neugierig darauf sein, warum die Dinge so sind, wie sie sind, und warum die anderen sich so anders verhalten.

Mit der Sprache fängt alles an. — Diesen Satz schreibe ich nicht nur deshalb auf Papier, weil mir damit die Herzen der Deutsch-, der Fremdsprachen- und Sozialkundelehrer zufliegen werden, sondern weil er wahr ist. Jedenfalls im Prinzip, denn ich gebe zu, dass mit der Sprache auch alles aufhören kann. Zum Beispiel das Verständnis. Manchmal fängt die Ratlosigkeit ja erst richtig an, wenn man den Reden der Leute folgen kann; oder wenn man nach dem tieferen Sinn eines Wortes zu suchen beginnt und dabei entdeckt, dass es besser sein kann, ihn nicht zu finden.

Ich lebe jetzt schon lange in Deutschland. So lange, dass ich sogar gelegentlich in der deutschen Sprache schreibe und singe. Aber ich habe noch nicht alle Geheimnisse ergründet. Weder die der Sprache, noch die des Landes, der Leute oder gar der Kultur. Immer wieder werde ich schmerzhaft an meine Unwissenheit erinnert, vor allem wenn ich auf Tournee bin und versuche zu begreifen, wo ich mich befinde und was dieser Ort mir sagen will. Ich gebe die Frage weiter. Urteilen Sie selbst:

Meine Reiseroute führte mich von Linsengericht nach Freigericht und weiter nach Oberkotzau. An Darmstadt, Flögeln, Fickmühle und Kakentorf vorbei bis Dortmund, Weil der Stadt, Einöde, Poing und Aha. Ich überflog Mannheim und übernachtete in Weibersbronn. Voller Gelüste durchwanderte ich Freudenstadt, Baden-Baden und Singen. In Deppendorf hatte ich fast einen Unfall. Ich lernte Erlangen kennen, Siegen, Braunschweig und Malente, besichtigte das Sauerland, Salzgitter und die Zugspitze. Ich kam hungrig nach Essen, nach Kuchen und nach Süßen und suchte in Gießen, Regen und Eisleben nach einem Regenschirmständer. In Holzmaden war es mir etwas unheimlich. In Hörvelsingen suchte ich vergeblich nach Hörveln. In Senden hielt ich mich länger auf bevor ich dann über Waldshut, Rosenheim, Offenburg, Gaildorf und von dort mit einem Abstecher über Geilenkirchen, Heilbronn, Vierzehnheiligen und Riegel in Denkendorf landete, wo ich heute wohne und darüber nachdenke, ob ich eines Tages nicht ein Buch oder ein sehr langes Lied schreiben sollte, das nur aus Ortsnamen besteht. Das wäre dann womöglich eine sehr poetische und dazu charmante Umschreibung dessen, was Deutschland ist. Aber bestimmt auch eine sehr verwirrende.

Urs M. Fiechtner

Andere Sprache

Wir übersetzen
fremde Zungen

Der von Ferne kommende Dichter spricht:
Quisiera navegar / sonando bocinas

Aha: Der von Ferne kommende Dichter
will hupend / das Meer befahren

Nacht um Nacht quälen wir uns
Fragen an Enzyklopädien stellend,

Zungen wendend und drehend,
um Verzweiflungen hüpfend:

Befährt der von Ferne kommende Dichter
wahrhaftig *hupend* das Meer?

Oder befährt er es nebelhornend,
oder gar trötend, tutend —

Befährt er es blökend ? Reckt er sich
quäkend auf einem Schiffsbug empor?

Enzyklopädien wälzend,
um Verzweiflungen hüpfend,
befragen wir exokulturelle Götter
über das Hupen, stehend
auf einem Schiffsbug,
über das Tröten, Meere befahrend,
über das Quäken
des von Ferne kommenden Dichters.

Die Enzyklopädien antworten nicht.
Die Koryphäen ergreifen die Flucht.
Die Deutschlehrerinnen rüsten zur Seeschlacht.
Die Götter verhüllen das Haupt.

In unserer Not besinnen wir uns
auf die ehernen Werte unserer
unvergänglich präzisen Sprachkultur
und übersetzen wie folgt:

Auf dem Buge eines Schiffes stehend
welches mit dezidiert umweltfreundlichem Antrieb
ausschließlich dem Transporte geistiger Werte dient

befahre ich
mit einer akustischen Handsignalmaschine
Warnungen an Kunstbanausen ausstoßend
und — respektive oder — mein
Ankommen ankündigend
DAS MEER AN SICH!

Nun werden die Germanisten ruhig schlafen können.
Nun hat sogar der Kulturbürgermeister den Grund-Sinn
im fliegenden Versfuß des Wortes begriffen, und
jedermann weiß endlich, was hier gemeint ist.

Nun hat alles wieder seine Ordnung
und jener von Ferne kommende Dichter

ist gar kein von Ferne kommender Dichter mehr,
sondern

UNSER AUSLÄNDISCHER MITDICHTER!

Sergio Vesely

Meine Welt

Hab' meine Sprache, eine Gitarre
hab' meine Lieder, sing' auf der Straße
ich bin kein Herr, vielleicht ein Niemand
was kümmert's mich
wir sind zu zweit

Mir schmeckt der Wein, gern lauf ich rum
schreib' für die Luft, verlier' das Geld
ich bin kein Meister, vielleicht ein Niemand
was kümmert's mich
wir sind zu zweit

Hab' meine Art ich selbst zu sein
man schimpft mich „Spinner",
doch das trifft mich nicht
bin nicht sehr groß, vielleicht ein Niemand
was kümmert's mich
wir sind zu zweit

Gut oder schlecht kann ich nicht befehlen
gehöre nur zur Spezies Mensch
es reut mich nicht ein Nichts zu sein
was kümmert's mich
wir sind zu zweit

Ich hab' einen Mantel, wenn's mich friert
und einen Schuh, der dir gehört
hab' deine Liebe wie einen Hauch
auf meiner Haut
ich hab' ein Bett für zwei gedacht
und einen Tisch, der wackelt schon
ich habe wirklich alles, was mein Herz begehrt

Ich hab' ein Land doch ist's nicht meins
hab' einen Weg und auch ein Ziel
hab' tausend Jahre
als Geschenk für meine Frau
hab' neue Lieder schon im Kopf
und lern' die Worte, die ich brauch'
ich habe wirklich alles, was mein Herz begehrt

Sergio Vesely

Mein erstes Konzert

oder die außergewöhnliche Schule eines Cantautors

Ein ehemaliger Mitgefangener, den ich zufällig bei einem Besuch in Chile traf, wollte wissen, ob ich mich an mein erstes Konzert erinnern könnte. Natürlich konnte ich das: Es war in Deutschland, im Jahr 1976, kurz nachdem ich aus der Heimat verbannt worden war. Der genaue Ort existiert immer noch. Es war in der Thomas-Münzer-Scheuer in Stuttgart Hohenheim. Veranstalter war das Chile-Komitee, ein Zusammenschluss von überwiegend linksgerichteten Studenten, die sich mit dem Schicksal des chilenischen Volkes solidarisierten, wie es damals hieß. Dort sang ich zum ersten Mal vor einem deutschen Publikum mein Repertoire aus 27 Liedern, die ich während meiner politischen Haft geschrieben und komponiert hatte. Aber mein Freund war mit dieser Antwort nicht einverstanden. „Nein", sagte er, „dein erstes Konzert fand im berühmten Folterzentrum ‚Villa Grimaldi' in Santiago statt, als du noch keine eigenen Lieder gesungen hast." Und er hatte recht, obwohl ich es nicht gerade Konzert nennen würde, was ich damals von mir gegeben hatte. Eigentlich hat so etwas keinen Namen. Ich erinnere mich noch gut daran.

Es war ein extrem heißer Tag im Januar 1975. Meine Zelle war winzig, so winzig wie ein senkrecht stehender Sarg und ich hatte das Gefühl in jedem Augenblick zu ersticken. Außerdem trug ich eine Augenbinde und war angekettet an Händen und Füßen. Trotzdem, ohne mir etwas dabei zu denken, fing ich plötzlich an ein Lied zu singen, das ich kurz vor meiner Verhaftung gelernt hatte und das mir außerordentlich gut gefiel. Es hieß *Alfonsina y el Mar* und es befand sich auf einer Langspielplatte der argentinischen Sängerin Mercedes Sosa, die ich in einem meiner Verstecke gefunden hatte, einer sogenannten konspirativen Wohnung. Damals liebte ich den Text dieses Liedes. Obwohl ich seinen Sinn nicht ganz verstanden hatte. Unbewusst sang ich also in der Folterkammer ein schönes Lied, gewidmet an eine Dichterin, die sich umbrachte.

Ich versuchte so leise wie möglich zu singen, um nicht von den Wächtern wahrgenommen zu werden, aber das metallische Tor da draußen öffnete sich laut und man hörte die schreiende Stimme des Folterknechts: „Wer singt da. Sofort melden!“. Ich unterbrach den Gesang und überlegte, ob ich mich melden sollte. Vielleicht würde ich dann wieder misshandelt werden. Aber es hatte keinen Sinn, mich wegzuducken. Also klopfte ich von innen an die Holztür und meldete mich: „Hier, Chef“, so wollten jene Menschenratten von uns genannt werden. Die Tür ging auf. Ich konnte das Gesicht zu der Stimme nicht sehen. Die Augenbinde machte mich blind. Ich war vollkommen ausgeliefert.

Zu meiner Überraschung, sagte er: „Schönes Lied hast Du da gesungen. Sing' es nochmal.“ Und was jetzt kam war das Konzert, das mein Freund in Erinnerung behalten hatte. Er war ein Teil des Publikums. Der Konzertsaal bestand aus winzigen Zellen, vollgestopft mit gefolterten Gefangenen, die so wie ich auch eine Augenbinde trugen. Auf einmal wurde es ganz still in den senkrecht stehenden Särgen. Der einzige der mich sehen konnte war der Inquisitor. Ich stand angekettet und mit nutzlosen Augen vor ihm und sang. Zuerst etwas zögerlich, weil ich ihm nicht traute und dachte, er würde mich mitten im Lied schlagen. Aber als ich den ersten Refrain erreichte, war mein Gesang schon fester geworden. Irgendwie spürte ich eine gewisse Sicherheit. Ich kann es nicht anders beschreiben. Es war eine Vorahnung.

Durch das Singen, nicht nur in der Villa Grimaldi sondern später auch in anderen Lagern und Gefängnissen der Pinochet-Diktatur, überstand ich ziemlich heil die fast zweijährige Haftzeit. Das ist zumindest mein Fazit. Es hatte den Vorteil, dass ich ein Ventil für die Alltagsalbträume hatte, das wie Medizin wirkte gegen den Hass und seine Folgen. Außerdem legte es so etwas wie einen Schutzmantel um mich. Es machte mich gewissermaßen unangreifbar. Sowohl für die Wächter, wie auch für die unangenehmen unter den Wegbegleitern.

Aber zurück zum ersten Konzert: Ich sang alle Strophen meines Lieblingsliedes. Keinen Vers, keinen Refrain habe ich ausgelassen. Als ich endlich fertig wurde, nach den drei spannendsten Minuten meines Lebens, hörte ich meinen einzigen Zuschauer Fragen stellen nach dem Urheber und dem Namen des Stückes. So wie ein Musikliebhaber einen anderen nach dem neuesten Hit auf einem MP3-Player fragt. Der Bewacher merkte sich meine Worte genau, dann schloss er mich in meinem Sarg wieder ein und verschwand.

Nach diesem Konzert vergingen ein paar Tage bis der Folterknecht sich wieder meldete. Er öffnete euphorisch die Tür meines Sarges, zwang mich zum Aufstehen und erzählte mir, dass er jetzt *Alfonsina y el Mar* jeden Tag hören könne. Weil er bei der letzten Hausdurchsuchung eines Widerstandskämpfers alle Schallplatten hatte mitgehen lassen. — „Und stell' dir mal vor", sagte er zu mir in einem fast freundlichen Ton, „da fand ich die Schallplatte von deiner Mercedes Sosa".

Einige Monate später schrieb ich mit winzigen Buchstaben auf ein feines Papier, das ich von einem „alten Hasen" geschenkt bekommen hatte, den Text meines ersten Liedes. Es war der Beginn meiner Existenz als *Cantautor*, also Liedermacher, was trotz dieser etwas allzu technischen deutschen Bezeichnung sehr viel mit Muse, Poesie, Rhythmus, Melodie und Inspiration zu tun hat. Das Lied trägt den Namen *Rey Negro* (Der schwarze König). Geschrieben habe ich es für ein Mädchen, das im Juli 1975 im Gefangenenlager von Puchuncaví das Licht der Welt erblickte.

Sergio Vesely

Der schwarze König

Eine sehr wahre Geschichte
will ich dir, mein Kind, erzählen:
Es war vor langer Zeit, da lebte
ein schwarzer König auf der Erde.

Er lebte am Ufer einer Quelle
in einem Haus aus Lehm gebaut,
er war ein Bruder aller Menschen
und war mit allem gut vertraut.

Und aus Blech war seine Krone
aus Schokolade war sein Bart,
eine Schnecke war sein Schuh
und aus Stroh gemacht sein Haar.

Er drangsalierte nicht die Bauern
und wollte weder Geld noch Gold.
Er war gut, und deshalb König,
voller Achtung vor dem Volk.

Ohne Gesetze war sein Reich,
er ließ die Freiheit selbst regieren.
Er arbeitete nur morgens,
um danach zu meditieren.
Und er spielte mit den Kindern,
sie gaben sich im Kreis die Hand.
Niemand konnte sie beherrschen,
so war des Schwarzen Königs' Land.

In jedem Baum stand eine Sonne,
Hirten und Tiere auf dem Feld,
es war Musik in allen Winden,
der schwarze König regierte die Welt.

Ach, mein Kind, ich bin so traurig
denn der König musste gehen,
plötzlich wurde ich erwachsen
und kann ihn seitdem nicht mehr sehen.

Du wirst nun gehen, um ihn zu suchen:
Sag' ihm, dass ich an ihn denke,
dass ich ihn immer bei mir trage,
und sag' ihm, dass ich um ihn weine.

Urs M. Fiechtner

Ein kleiner Kadett

oder meine allererste Veranstaltung

Es war im August 1963, also im tiefsten Winter, als Juanito eines Nachmittags in mein Kinderzimmer platzte und damit mitten in die Lektüre des 44. Buches von Karl May, der für mich zwar schon damals ein bramarbasierender Schwätzer war, aber auch ein literarischer Kumpan in dem Unterfangen, die lästigen Hausaufgaben eines Zweitklässlers mit einem gesellschaftlich anerkannten Grund hinausschieben zu dürfen. Hoher Besuch sei da, sagte Juanito. Und dass ich auf Befehl meines Vaters in fünf Minuten ordentlich angezogen anzutreten hätte. Das ist ärgerlich, wenn man in einem Buch steckt, das Schulaufgaben hinausschieben hilft und doppelt ärgerlich, wenn es auch noch Winter ist.

Wir lebten damals in Chile, was die Sache mit dem Winter im August erklärt. Dort bekleidete mein Vater des Posten des bundesrepublikanischen Militärattachés für Chile, Bolivien und Peru und tat aus Beruf und Berufung sein Bestes, um die alten, aber im zweiten Weltkrieg beschädigten Beziehungen südamerikanischer Staaten zu Deutschland wieder neu aufzubauen — was wiederum schon fast alles andere erklärt. Eine wichtige Aufgabe, auch für die westdeutsche Export- und Rüstungsindustrie, weshalb an der Gartentür unseres Hauses in der Hauptstadt Santiago kein einfaches Schild mit seinem Namen für den Briefträger befestigt war, sondern eine große Bronzeplakette mit der Feststellung, dass hier nicht irgendwelche Leute sinnlos vor sich hin wohnten, sondern dass es sich um die leibhaftige „Residenz“ eines Oberstleutnants und Militärattachés aus der Bundesrepublik handelte. „Hohe Besuche“ waren also nichts ungewöhnliches, sie gehörten in Gestalt von anderen Diplomaten, von Regierungsmitgliedern oder Offizieren eher zum Alltag. Und zur Existenzberechtigung der Familie.

Aber es war Winter, und mein Vater hatte „ordentliche“ Kleidung befohlen. Das bedeutete Schuluniform, die in Chile die alberne Kopie einer Erwachsenen-Uniform war und ist, irgendwo in der Mitte zwischen der Pflichtausstattung eines Autoverkäufers und des Mitglieds eines Yachtclubs, als wären Kinder wie einst im Barock die Miniaturausgabe von Erwachsenen. Natürlich gehörte für Jungs ein weißes Business-Hemd dazu samt einer Krawatte, bei der wir allerdings heimlich die Wahl zwischen einer echten hatten, die man jeden Tag neu binden musste oder einer gemogelten mit festem Knoten und einem Gummiband zum Überstreifen. Dann ein dunkelblaues Club-Sakko mit dem Emblem der Schule auf der Brusttasche, kurze graue Hosen mit Kniestrümpfen im Sommer und im Winter mit langen aus einem filzartigen Material, das furchtbar kratzte und daher lange Unterhosen zwingend erforderlich machte — nicht wegen des Winters, sondern wegen des Kratzens. Lange Unterhosen hasste ich aber mit tiefer Inbrunst und somit auch offizielle Besuche im Winter.

Doch wenn Juanito in der Tür stand, gab es keinen Spielraum für Diskussionen. Juanito war nur an der Oberfläche ein *Mozo*, also eine Mischung zwischen Hausdiener, Bursche für alles und der lateinamerikanisch-lockeren Variante eines britischen Butlers. In Wahrheit war Juanito ein speziell ausgebildeter Marineinfanterist und daher dem Haus als Sicherheitsdienst zugewiesen — also ein getarnter Leibwächter und gleichzeitig der Adjutant meines Vaters. Folglich sein Sprachrohr.

Damals hatte ich wenig Ahnung davon, aber konnte doch instinktiv unterscheiden, was von mir verlangt wurde, wenn Juanito in meinem Kinderzimmer stand oder wenn es nur die Nona war, das Hausmädchen und die offizielle Chefin des Dienstpersonals, das unter dem Oberkommando meiner immer freundlichen und immer kompromissbereiten Mutter stand. Mit meiner Mutter und ihrer Nona, den beiden einzigen echten Diplomaten des Hauses, konnte man verhandeln oder sich wie Chruschtschow hinter kindlichen Trotzanfällen verschanzen. Bei meinem Vater und seinem Juanito war nicht daran zu denken.

Da es keinen anderen Ausweg gab, legte ich Karl May beiseite, zog mir fluchend die langen Unterhosen und die Schuluniform an und ging nach unten, um den üblichen wichtigen Leuten den üblichen korrekten preußischen Diener vorzuführen, also die Hacken zusammen und sofort darauf den Kopf herunter zu klappen, hart an der Grenze zum Genickbruch, aber so abgezirkelt, zackig und kurz, dass man daraus nur einen regulären Respekt, aber noch längst keine japanische Demutsbezeugung ableiten konnte. Schließlich hatten wir zwar beide den Krieg verloren, aber nur einer von uns war kurz darauf Fußballweltmeister geworden.

Der angekündigte hohe Besuch war diesmal eine Abordnung des Generalstabes der chilenischen Streitkräfte mit sehr vielen Sternen auf den Schulterklappen, dazu ein paar ältere Herren in Zivil, die ich schon von kleinen Empfängen kannte, an denen ich zu Hitlers Geburtstag oder ähnlichen Anlässen Bier und Doornkaat servieren musste und die mir viele Jahre später in Veröffentlichungen von Simon Wiesenthal als gesuchte Kriegsverbrecher wieder begegnen würden. Inmitten der Gruppe stand ein bucklicht Männlein in Gestalt eines sichtlich nervösen englischen Schneiders, dessen Vorfahren zwar zweifellos in direkter Linie aus der Savile Row stammten, wo sich schon Lord Nelson und manch einer der Royals eingekleidet hatte, aber dem die gestellte Aufgabe trotzdem unheimlich war, weil nun eine Horde von Leuten, die von noch schlechteren Manieren waren als der britische Königshof, aber außerdem noch skrupelloser im Umgang mit Waffen, seine Kunstfertigkeit und somit seine Daseinsberechtigung überprüfen würde.

Quasimodo hob mich unter vielen Verbeugungen auf den Esstisch und nahm meine Maße behutsam, fast ehrfürchtig, als wollte er einen neuen Papst einkleiden. Der Generalstab grinste. Das ganze Verfahren dauerte nur ein paar Minuten und wurde mir nicht erklärt. Erst als mein Vater Sekt auffahren ließ und einen rätselhaften Toast auf „den jüngsten Fähnrich Chiles!“ ausbrachte, hob mich einer der Würdenträger vom Esstisch wieder herunter und flüsterte mir zu, dass ich in diesem Jahr „ein ganz besonderes Geburtstagsgeschenk“ zu erwarten hatte. Aber mehr sagte er nicht.

Ich verstand kein Wort. Mein achter Geburtstag lag noch in weitester Ferne, im November. Er hätte mir genauso gut etwas von Jules Verne oder einem Smart-Phone erzählen können. Und ich hatte Grund, misstrauisch zu sein, denn wenn Erwachsene mir „etwas besonderes“ andrehen wollten, war das immer etwas endlos ödes wie ein Opernbesuch, ein Dinner in der Botschaft oder eine Militärparade. Zudem war dieser Würdenträger keiner der engeren Hausfreunde, nur einer aus der zweiten oder dritten Reihe meiner vielen Onkels in Uniform. Er galt als langweilig und unbedeutend. Ich musste ihn trotzdem als *Tio Augusto* ansprechen — also Onkel August — denn es gehört zu den Regeln südamerikanischer Höflichkeit, immer ein wenig mehr persönliche Nähe vorzuspielen als tatsächlich vorhanden ist. Es konnte ja auch keiner wissen, dass jener Langweiler

Augusto Pinochet Ugarte fast genau zehn Jahre später weltberühmt werden würde. Mit einem blutigen Militärputsch.

Aber ganz abgesehen davon wissen kluge Jungs, dass man einem Mann in Uniform gefälligst keine Fragen zu stellen hat. Das machen nur Holzköpfe. Kluge Jungs antworten auf alles, auf das Verständliche wie das Unverständliche, prinzipiell mit *a sus ordenes*, also „Zu Befehl!“ und machen dabei ein möglichst leeres Gesicht. In Militärkreisen gelten leere Gesichter als Zeichen von Intelligenz.

Also machte ich genau das, klappte wieder die Hacken zusammen, zirkelte meinen Genickbruch und zog mich zurück, um die lästigen Klamotten loszuwerden und ungestört vom 44. Buch Karl Mays in das 45. übergehen zu können.

Die ganze Sache hatte ich schon vergessen, als zwei Wochen später die geballte Macht des Hauses, also Mutters Nona samt Vaters Juanito, ungefragt in mein Zimmer kamen und mich zwangen, den 51. Karl May beiseite zu legen. Beide sahen ein wenig merkwürdig aus. Juanito trug auf seinem Kopf eine viel zu kleine preußische Pickelhaube und hielt in seinen Armen einen großen Karton mit Seidenpapier, auf dem ein Paar spiegelnd glänzender Schuhe mit klotzigen Sohlen ruhte, die ungemein trittfest wirkten und ein wenig an bayerische Haferlschuhe erinnerten. Nona trug an seiner Seite feierlich eine Dienstmütze auf dem Hausmädchen-Häubchen und dazu mit weit ausgestreckten Armen einen

Rossbusch, ein weißes Koppel und ein Bajonett mit Portepee wie eine Monstranz vor sich her. Beide machten ein wichtiges Gesicht und gaben mir fünf Minuten Zeit, um mich erneut für einen förmlichen Besuch fertig zu machen.

Nona legte Rossbusch, Dienstmütze, Koppel und Bajonett beiseite, übernahm den großen Karton von Juanito und wickelte aus dem Seidenpapier sorgfältig eine Paradeuniform des chilenischen Heeres aus, die nach meinen Maßen angefertigt worden war.

Genauer gesagt handelte es sich um eine Kadettenuniform der Militärschule, die, noch genauer gesagt, fast aufs Rosshaar genau eine Kopie der Uniformen des deutschen Kaiserreichs war. Chilenisch waren nur die Wappen auf den goldfarbenen Knöpfen, dem Koppelschloss und dem Helm.

Das chilenische Wappen zeigt anstelle von Beutegreifern wie dem preußisch-deutschen Adler den *Huemul*, den äußerst scheuen und stets fluchtbereiten Andenhirsch, sowie den Kondor, den größten Vogel der Anden, der jedoch — im Gegensatz zum Adler — nur ein gemeiner Geier ist. Unter dem Fluchttier und dem Aasfresser steht der Wahlspruch des Staates: „Durch Vernunft oder Gewalt“, worüber ich zugegebenermaßen heute noch ebenso rätsele wie damals, was aber wohl etwas mit der chilenischen Geschichte zu tun hat, in der es von Beutetieren und Geiern nur so wimmelt. Willem Zwo war 1885 auf die Idee gekommen, seinen Hauptmann Emil Körner nach Chile zu entsenden, um in der

Konkurrenz zu Briten und Nordamerikanern das chilenische Heer nach seinem Bilde zu reformieren. Und es ebenso einzukleiden. Mit ein paar winzigen, kaum sichtbaren Abänderungen zwischen Adlern und Geiern. Und *ich* sollte das jetzt ausbaden.

Als erstes lernte ich, dass die Militärs aller Zeiten, egal ob preußische oder kaiserliche oder eben chilenische, ökonomisch denken können und deshalb einem Fähnrich nicht einfach mehrere Helme zur Verfügung stellen. Juanito nahm die Pickelhaube ab und demonstrierte mir mit Hilfe von Nona, dass man den Helm in Sekunden höchst praktisch umwandeln konnte, indem man den Alltags-Pickel ab- und den Parade-Rossbusch draufschraubte. So hatte man zwei Helme in einem. Dann bekam ich einen Schnellkurs darin, wie die Uniform korrekt angelegt werden musste, auf welchen Knöpfen das Koppel zu ruhen hatte und worin der Unterschied zwischen der Sommer- und Winterausstattung bestand: nämlich aus einem Unterhemd mit kurzen oder langen Ärmeln, das man direkt unter der Jacke trug, sowie aus einer kurzen und einer — Oh Schreck! — langen Unterhose. Als Krönung bekam ich zwei Sätze von Handschuhen: einem Paar grauer aus widerstandsfähigem Leder für den Alltagseinsatz, also dem Kampf im Felde oder dem Schurigeln von Untergebenen, und einem Paar weißer aus Stoff für den Paradeeinsatz, die sehr denen von Juanito ähnelten, wenn er als Ordonnanz im Herrenzimmer Kaffee, Zigarren und Schnaps servieren musste. Während der Unterweisung interessierte mich eigentlich nur das Bajonett; ich zog es aus der Scheide, fuchtelte damit herum und fand auf der Klinge, ganz nahe am Heft, eine kleine Gravur: „Solingen". Ich fand das ganz normal. Auch am anderen Ende der Welt wird man in militärischen Dingen irgendwann immer auf Deutschland stoßen. Nicht nur bei Pickelhauben.

Dem hohen Besuch im Esszimmer, der dieses Mal noch etwas umfangreicher geraten war als beim Maßnehmen, wurde ich erneut auf dem Esstisch vorgeführt, auf dem ich mich drehen musste wie ein Dressman. Vorsichtshalber schlug ich zwischendurch freiwillig die Hacken zusammen und salutierte vorschriftsmäßig bei jeder Drehung in alle Himmelsrichtungen, was immer eine gute Idee ist, wenn Sternchenträger um einen herumstehen. Das englische Schneiderlein, das ängstlich mit einem Stückchen Kreide für allfällige Korrekturen in der Menge stand, musste nicht eingreifen und tupfte sich erleichtert den Schweiß von der Stirn, als ein paar der Herren ihm auf den Buckel klopften. Dann ließ mein Vater wieder Sekt auffahren und ich wurde entlassen. Als ich nach oben in mein Zimmer ging, hörte ich hinter mir die Herren in Hochrufe auf Chile und Deutschland ausbrechen. Und die Grundig-Musiktruhe, die meine Eltern auf dem Seeweg mit nach Chile gebracht hatten, spielte den Marsch „Alte Kameraden".

Ich kann mich nicht erinnern, dass ich von alledem besonders beeindruckt gewesen wäre. Uniformen waren für mich seit meiner Geburt etwas alltägliches, bei der ich als künftiger General vorgesehen war. Verkleidungen auch, weil in ihnen kaum ein Unterschied bestand, wobei ich allerdings, vielleicht unter dem Einfluss des geschwätzigen Sachsen, diejenigen von Cowboys oder Indianern bevorzugte. Womöglich noch wichtiger war für mich aber der korrigierende Einfluss meiner Großmutter Ottilie, kurz Otti genannt, der überaus gebildeten und in allen Angelegenheiten der Literatur höchst versierten Mutter meiner Mutter, welche immer in den allerbesten Manieren mit bedeutenden Männern umzugehen wusste, aber auch mit dem allercharmantesten Lächeln immer ein Quäntchen distanzierter Ironie oder sogar Spott für sie parat hatte. Otti hatte mir irgendwann während unserer Privatstunden im Fechten oder in der Literatur Goethes, den Dramen Shakespeares oder den Komödien Molières, als ich deprimiert und abgelenkt war, weil eine Autoritätsperson mich zuvor heruntergeputzt hatte, den überaus klugen und lebenslang wirksamen Rat gegeben, mir wichtige Funktionsträger, egal ob Offiziere, Abgeordnete, Minister, Bischöfe, Präsidenten oder Schuldirektoren im Falle eines Konfliktes in Unterhosen vorzustellen. Am besten in langen Unterhosen, sagte sie, weil diese einen Mann ganz besonders auf sein eigentliches Wesen zurückführen, nämlich auf das eines kostümierten Neanderthalers. Das hat bis heute mein Verhältnis zu Uniformen geprägt. Und natürlich das zu langen Unterhosen.

Den Sinn meiner Kostümierung begann ich erst einige Tage später nach und nach zu verstehen. Die chilenischen Nationalfeiertage am 18. und 19. September — die Feier der Unabhängigkeit von spanischen Kolonialreich — standen bevor und im Haus breitete sich hektische Betriebsamkeit aus. Für mich bestand sie vor allem darin, die kaiserliche respektive chilenische Uniform immer wieder anzuziehen und unter den Augen meines Vaters, ersatzweise auch denen von Juanito oder meiner Mutter zu beweisen, dass ich mich in ihr auch ordentlich zu bewegen verstand. Ich musste vorschriftsmäßig salutieren, den preußischen Stechschritt mit den geradewegs nach vorn gestreckten Beinen demonstrieren, die unterschiedliche Benutzung von Pickelhaube, Rossbusch, Handschuhen, Koppel, Bajonett und Dienstmütze lernen und alles in allem das darstellen, was die Chilenen sich unter einem *Prusiano* vorstellen, einem Preußen.

Ein paar neue Dinge lernte ich dabei schon, etwa den Umgang mit weißen Handschuhen oder dass Hosen einen Steg haben, um beim Marschieren nicht hoch zu rutschen. Aber eigentlich war nichts dabei, was mir irgendwie fremd oder ungewöhnlich erschienen wäre. Militärische Rituale hatte ich schon mit der Muttermilch eingesogen und exotische Stammesriten kannte ich von Karl May. Meine ersten Erinnerungen stammten aus den Kasernenhöfen meines Vaters und aus dem Offizierscasino unseres letzten Standortes, dem Pionierbataillon 11 in Barme. In meinem Kopf hatte ich Bilder von Babysittern und Ammen in Uniform, die eigentlich Ordonnanzen, Unteroffiziere oder Adjutanten waren, aber vorübergehend zur Fürsorge für den Sprössling des Kommandanten abkommandiert waren, oder vom Bücherschrank meines Vaters, über den ich mich hergemacht hatte, als der Vorrat der zivilen Bücherregale im Wohnzimmer schon erschöpft war. Ich war eine Leseratte, vielleicht aus Mangel an anderer Beschäftigung, oder vielleicht, weil die Erwachsenen niemals in der Lage waren, mir eine vernünftige Antwort auf die vielen Fragen zu geben, die mich als Kind bewegten. Zum Beispiel darauf, woher wir kommen, wohin wir gehen, warum Bananen krumm sind und warum auf den Straßen Santiago de Chiles manchmal tote Menschen liegen.

Auf die wirklich existentiellen Fragen jener Zeit wussten die Erwachsenen nur zwei Antworten zu geben, nämlich erstens die kopftätschelnde Variante „das verstehst Du, wenn Du groß bist" oder zweitens die militärisch knappe Version „Schnauze!". Das war nicht wirklich hilfreich. Aber ich entdeckte bald, dass man ein paar Antworten und jede Menge neuer Fragen in Bücherregalen finden konnte. Ich fraß mich durch alles durch, was im Haus herumstand. Notfalls eben auch verbotenerweise im Arbeitszimmer meines Vaters, wo ein Regal mit der Basisliteratur der Militärausbildung stand. Zum Beispiel Rommels „Infanterie greift an" aus dem Ersten Weltkrieg, das er als Fahnenjunker begonnen und als Kompanieführer beendet hatte und das schon zur Pflichtlektüre bei der Ausbildung meines Vaters an der Kriegsschule gezählt hatte. — Und dessen Auswendiglernen ihm vielleicht geholfen hatte, zum

Adjutanten Rommels aufzusteigen. Oder natürlich der Dauerbrenner „Vom Kriege“ des preußischen Militärtheoretikers und Reformers Carl von Clausewitz, der bis heute in fast aller Welt für Offiziersschüler ungefähr dasselbe ist wie das kleine Einmaleins für Grundschulzwerge. Ohne die Preußen geht kriegstechnisch gar nichts.

Ohne es zu wissen oder auch nur zu wollen, hatte ich freiwillig schon fast alles gelesen, was Fähnriche wissen müssen und bewegte mich daher in dieser Kostümierung in einer vertrauten Welt. Karl May hatte vielleicht auch etwas damit zu tun, aber den las ich nicht freiwillig und nur zwischendurch, weil den Erwachsenen um mich herum nichts anderes einfiel, als die Bücher eines kleinkriminellen notorischen Lügners und Hochstaplers zu verschenken. Für die Generation meiner Eltern war dies aber angemessen und durchaus auch eine ernst zu nehmende Grundlage ihrer Existenz. Sie hatten nach ihrem Verständnis keine andere Wahl als auf die Ignoranten, die Lügner und die Betrüger zu setzen. Und man durfte dankbar sein, wenn es sich dabei nur noch um vorgebliche Reiseschriftsteller aus Sachsen handelte und nicht allein um gescheiterte Postkartenmaler aus Braunau.

Am 19. September, dem zweiten Tag der nationalen Feierlichkeiten, dem „Tag der Glorie der chilenischen Streitkräfte“, begann frühmorgens der Ernstfall. Ich musste die Uniform zum gefühlt 100. Male anlegen, die Pickelhaube in einen Rossbusch verwandeln, die weißen Handschuhe überstreifen und wurde auf den Rücksitz des Dienstwagens meines Vaters gesetzt, dem eine kleine Motorrad-Eskorte von drei gorillamäßig blickenden Militärpolizisten voraus fuhr.

Auf dem Weg erklärte mir mein Vater, dass ich in diesem Jahr die Ehre haben würde, vor der Präsidententribüne den Vorbeimarsch der chilenischen Streitkräfte abzunehmen. Niemals zuvor, sagte er, hätte es eine solche Freundschaftsbezeugung zwischen Chile und Deutschland gegeben. Das sei etwas ganz Besonderes, sagte er. Und dass er von mir erwarte, meine Pflicht für das Vaterland zu tun und stolz auf mich sein zu können.

Bei der Definition dessen, was von mir erwartet wurde, blieb er ein wenig ungenau. Es war nicht ganz klar, welches nun präzise das pflichtheischende Vaterland sei und wozu genau es mich rief. Aber vielleicht war das auch egal und es kam nur auf die Pflicht als solche an.

Der Wagen fuhr direkt auf das Marsfeld und hielt kurz vor der noch fast leeren Präsidententribüne. Wir stiegen für ein paar Minuten aus und ich wurde eingewiesen, wohin ich mich später zu stellen hatte, um die Parade abzunehmen und die Truppe zu grüßen. Nach einigen Diskussionen und einem kurzen Hin- und Hergeschiebe, das wohl etwas mit unterschiedlichen Meinungen zwischen Generalstäblern, Organisatoren des Präsidialamtes und Pressevertretern zu tun hatte, wurde entschieden, dass ich ein wenig links von der Tribüne als Wegmarke aufgestellt werden sollte, genau an dem

Punkt, an dem das Kommando „Augen rechts“ für den Vorbeimarsch am Präsidenten gegeben werden würde. Das war praktisch für die Militärs und schlau gegenüber der Presse, denn auf Fotos würde es so aussehen, als ob die Truppe auf den zu kurz geratenen Fähnrich aus Deutschland und nicht auf den Präsidenten schauen würde. Der genaue Ort wurde mit Kreidestaub auf dem Boden markiert wie ein Elfmeterpunkt auf dem Fußballfeld.

Danach stiegen wir wieder in die Dienstwagen und fuhren nach hinten in den Aufstellungsraum, also dorthin, wo die Soldaten sich lange vor der eigentliche Parade vorzubereiten hatten. Der Wagen hielt vor einem Karree junger Männer, die alle so gekleidet waren wie ich, aber die auch alle viel älter und viel größer waren. Noch im Auto stellte mein Vater sie als meine „Kameraden“ aus dem Offizierslehrgang der Militärschule *Escuela Militar Bernardo O'Higgins* vor. Beim Aussteigen nahm uns eine Gruppe von Offizieren in Empfang, allen voran einer meiner Nenn-Onkels und Hausfreund meiner Eltern, Mayor Christian Ackerknecht, ein unsäglich preußischer Offizier des chilenischen Heeres mit deutscher Abstammung und Gesinnung, der Jahre später, nach dem Militärputsch, das Kommando über das berüchtigte Folterzentrum von Rancagua übernehmen würde und noch später den Posten eines Militärattachés in Westdeutschland — weil er beide Sprachen perfekt beherrschte und weil Folter und Mord kein Hindernis für diplomatische Beziehungen sind. Er ließ meine angeblichen Kameraden strammstehen und mich vor ihnen, führte mich herum und erklärte mir ein paar der Geheimnisse, die hinter den glanzvollen Paraden von Militärmaschinen wohnen.

Zum Beispiel die Sache mit den „Leichenträgern“, also den Leuten, die hinter der Truppe mit Bahren unterwegs sind, um schnell alle beiseite zu schaffen, die während der stundenlangen Vorbereitung auf die Parade wegen Dehydrierung umgekippt waren oder weil der Kreislauf stundenlanges Stillstehen nicht gerne mitmacht. Er erklärte mir, wie man die „Leichen“ schnell und unauffällig wegräumt, aus welchen Reserveeinheiten man die Lücken in der Marschordnung wieder schließt und wie man es vor allem vermeidet, selbst zur „Leiche“ zu werden, nämlich indem man beim Strammstehen seinen Kreislauf mit ein paar unauffälligen Übungen in Schwung hält, etwa durch konsequentes Wackeln mit den Zehen oder dem unsichtbaren an- und abspannen von Bein-, Arm- und Brustmuskeln. Das waren in gewisser Weise Ratschläge fürs Leben, denn es sind ja nicht nur die Militärs, die Menschen wie Material behandeln. Ein paar Überlebenstricks aus der Soldatenkiste können auch beim Sardinenstehen in der U-Bahn, beim Warten in Arztpraxen oder bei Flugreisen in der Touristenklasse ganz nützlich sein.

Danach übergab er mir einen kleinen Plastikbeutel mit der Grundausstattung für Paradesoldaten und machte dabei eine Miene, als würde er mir die britischen Kronjuwelen anvertrauen: der kostbare Beutel enthielt ein Stückchen schwarze Kreide, ein Stückchen weißer und eine Schachtel Streichhölzer.

Der kleine Beutel brachte mir etwas Neues bei über die Pracht paradierender Phalangen. Denn die schwarze Kreide war dafür da, Flecken auf den Schuhen und dem Helm zu überdecken, anstatt sie zu entfernen, die weiße Kreide war für Dreckspritzer auf dem Koppel oder den Handschuhen und die Streichhölzer waren die Notnägel für funkelnde, aber schlecht angenähte Uniformknöpfe, die man dank ihres hervorstehenden Ringes auch ohne Nadel und Faden blitzschnell hinter einem Knopfloch mit Streichhölzern festklemmen konnte. Ohne es zu wollen, stellte mir Onkel Christian mit seinem Plastiksäckchen einen der ältesten Grundsätze des uniformierten Lebens oder möglicherweise des Lebens überhaupt vor, nämlich mehr zu scheinen, als zu sein. Und er, der spätere Inquisitor, brachte mir damit versehentlich auch bei, dass Erwachsene sich von Kindern nur dadurch unterscheiden, dass sie die professionelleren Lügner sind.

Danach wurde ich auf die Probe gestellt: ein Trupp meiner „Kameraden“ sollte vor mir paradieren und ich beweisen, dass ich die vorgeschriebene Haltung bei der Abnahme der kleinen Parade finden würde. Vielleicht war es auch nur eine Lockerungsübung für die wartenden Kadetten, um durch Bewegung den Einsatz der Leichenträger zu reduzieren. Die Begeisterung der Truppe hielt sich aber in Grenzen. Der Besuch des Kadetten aus Deutschland verursachte Arbeit und zusätzlichen Stress. Damit macht man sich nicht beliebt.

Trotzdem funktionierte es offenbar zur Zufriedenheit der chilenischen Offiziere. Nur meinem Vater war es nicht genug. Er war schon in Hitlers Wehrmacht ein guter Ausbilder gewesen und spürte es wohl, dass ich meine Funktion nicht erfolgreich erfüllen würde, wenn nur die anderen vor mir den Affen zu machen hatten. Es musste auch umgekehrt gehen.

Also übernahm er das Kommando, ließ die Kadetten rühren und befahl mir, vor ihnen hin und her zu paradieren und dabei fast das komplette preußische und kaiserliche Exerzierreglement zu zeigen, am Ende gekrönt durch den preußischen Stechschritt. Ich machte es gut und marschierte herum wie eine ferngesteuerte Puppe. Das gefiel meinen „Kameraden“ schon besser, vor allem der Stechschritt, denn da musste ich sehr hart arbeiten und auch ein wenig tricksen, um trotz meines Alters wenigstens annähernd die vorgeschriebene Schrittlänge und das exakte Marschtempo von 114 Schritt pro Minute zu erreichen. Vermutlich hüpfte ich ein wenig, wie es nordkoreanische Truppen heute tun, doch am Ende sah ich fast so etwas wie Anerkennung und Sympathie in den Gesichtern.

Ich wischte mir den Schweiß von der Stirn. Aber es war noch nicht vorbei. Mein Vater nahm einem meiner Kameraden das Gewehr ab, drückte es mir in die Hand und befahl mir, es vor der Truppe wie beim Wachdienst zu präsentieren. Das Ding war schwer und klotzig für einen Knirps, aber es gelang mir irgendwie, die vorgeschriebenen Bewegungen zu absolvieren.

Damit war der Zweck erreicht. Wohl nicht, weil ich alles richtig machte, sondern viel eher, weil die um gut zehn Jahre älteren „Kameraden" den Schweiß auf meiner Stirn sahen und mit ansehen konnten, dass der Pygmäe vor ihnen für einen kurzen Moment in derselben Scheiße steckte wie sie und sich fast genauso abstrampeln musste, um vor den prüfenden Augen der Vorgesetzten zu bestehen.

Irgendwann warf jemand seinen Helm in die Luft und rief lauthals *Viva el Pequeño Cadete* — „Hoch lebe der Kleine Kadett", was er wahrscheinlich nur tat, um mir eine kleine Pause zu verschaffen. Alle machten mit und wiederholten den Ruf. Damit hatte ich meinen Spitznamen erworben und wurde urplötzlich für die Militärschule O'Higgins dasselbe, was der Geißbock für den FC Köln ist: ein Maskottchen. Mein Vater und die chilenischen Offiziere freuten sich. Genau darauf hatten sie es angelegt.

Eine knappe Stunde später brachte mich der Dienstwagen wieder vor die Präsidententribüne. Sie war inzwischen vollbesetzt mit Herren in Uniform oder eleganten Anzügen und Frauen unter riesigen Hüten. Links und rechts von der Tribüne hatte sich das gewöhnliche Publikum in Sonntagskleidung oder Nationaltracht versammelt. Die Parade fing an. Über uns flogen Jets aus nordamerikanischen Fabriken und stießen Rauch in den chilenischen Nationalfarben aus, die für das Weiß der

Berge, das Blau des Ozeans und das Rot der Nationalblume oder des indianischen Blutes stehen. Und die praktischerweise identisch mit denen der USA sind, weshalb die Rauchkanister der Jets nicht teuer umgerüstet werden mussten.

Mein Vater schubste mich leicht zu dem Elfmeterpunkt und überließ mich mit einem kleinen, aufmunterndem Klaps meinem Schicksal. Jetzt war ich allein.

Es gibt nur zwei Dinge, die ein Soldat lernen muss, um ein guter Soldat zu sein. Man muss eine gute Marionette sein und exakt wiedergeben, was die Fädenzieher von einem wollen. Und man muss in der Scheiße stecken und trotzdem ein gutes Bild abgeben können. Wenn die Augen aller auf einen gerichtet sind, steckt man immer in der Scheiße und hat unendlich viele Möglichkeiten, alles falsch zu machen. Das geht einem Statisten auf der Bühne nicht anders, weshalb auch im Kulturleben eine gewisse preußische Vorbildung von Vorteil sein kann.

Damals machte ich mir keine Gedanken darüber. Es gibt keinen Platz für Gedanken, wenn man funktionieren soll. Es war ja auch nur ein Spiel, das andere sich für mich ausgedacht hatten und bei dem ich eine Randfigur war. Aber ich hatte verstanden, wie man ein gutes Bild in Uniform abgibt und wie man sich bewegen muss, um eine gute Marionette zu sein. Hinzu kam entweder ein glücklicher Zufall oder die geschickte Hand Thalias: Die Abteilung aus der Militärschule, also meine angeblichen Kameraden, war die erste in der Marschordnung und gab damit ein Beispiel, an dem sich alle anderen orientieren mussten. Hinter ihr stand der Musikzug der Militärschule und schmetterte vertraute Hausmusik, die mein Vater gerne morgens zum Wecken einsetzte — zuerst „Preußens Gloria" und dann noch andere Kompositionen von Johann Gottfried Piefke, dem Vater aller Zackigkeit, der den Deutschen vollkommen zu recht zu ihrem Beinamen verholfen hatte. Es war ganz wie daheim.

Onkel Christian, der seiner Abteilung auf hohem Ross voranritt, reckte auffordernd das Kinn und zog unter teutonischem Tschingderassabum seinen Säbel. Das war mein Zeichen. Ich riss meinen Salutierarm hoch, und im selben Moment warf die gesamte Truppe die Köpfe zu mir und die Beine hoch zum Preußischen Stechschritt. Für einen Moment sah es so aus, als würde die Truppe nur für den preußischen Gartenzwerg paradieren.

Die Fotografen stöhnten vor Freude. Die Sternchenträger nickten befriedigt. Die zivilen Herren waren beeindruckt von der Qualität einer beinahe unaufdringlichen PR-Aktion und die Hüte tragenden Damen der Oberschicht beglückt von dem goldigen germanischen Knaben. Am nächsten Tag waren die Fotos in allen Zeitungen. Der Kleine Kadett verwandelte sich über Nacht vom Maskottchen der Militärschule zum Geißbock der Nation. Die Chilenen applaudierten. Und die westdeutsche Rüstungsindustrie auch. Zuhause häuften sich die

Telegramme und auf dem Schreibtisch meines Vaters standen Waschkörbe voller Post.

Bei irgendeinem der vielen Empfänge nach der Parade zeigte einer meiner Onkels in Uniform auf meine linke Brustseite und meinte, die sei aber noch zu leer für einen verdienstvollen Fähnrich. Dann nahm er mit südamerikanischen Pathos einen seiner eigenen Orden ab und heftete ihn mir an die Uniform. Der wird normalerweise nur im Krieg verliehen, sagte er, oder für den 25-jährigen Dienst in den Streitkräften. Die Damen waren entzückt und die Herren brachen in grölendes Gelächter aus. Jetzt war ich ein Veteran und Ordensträger. Also ein ausgezeichneter Geißbock.

Danach durfte ich endlich wieder zurück zu meinen Büchern, in denen es zwar gelegentlich auch um seltsame Rituale ging, aber kaum je um lange Unterhosen oder Paraden. Wahrscheinlich wäre ich ein ziemlich vergesslicher Veteran gewesen und hätte die nationale Scharade ebenso schnell abgehakt wie das Würstchenschnappen oder Sackhüpfen auf einem Kindergeburtstag, wenn man mich nicht immer wieder bei offiziellen Gelegenheiten in den aktiven Dienst einberufen hätte. Bei den Empfängen meines Vaters durfte ich mit strammen Salut die Gäste begrüßen oder am Eingang ebenso bewegungslos Wache stehen wie die Bärenfellmützen am Buckingham Palace. Manchmal balancierte ich auch nur als Liliput-Ordonnanz mit weißen Handschuhen Silbertabletts voller Sektgläser durch die vor sich hin plappernde Menge und wurde dabei reihenweise von überschminkten Damen in die Wangen gekniffen.

Nach und nach wurden mir die Auftritte immer lästiger. Kleine Jungs haben normalerweise besseres zu tun, als sich um die Angelegenheiten der Erwachsenen zu kümmern. Meine Mutter mag das aus anderen Gründen ähnlich gesehen haben, nach und nach zog sie mich wenigstens von den vermeidbaren Auftritten ab und fand, dass zu viel an öffentlicher Aufmerksamkeit einem Kind eher schaden als nützen würde.

Das Ende kam aber erst im nächsten Jahr mit dem Besuch des Bundespräsidenten Lübke in Chile. Es war die erste so hochrangige diplomatische Reise eines westdeutschen Politikers nach Südamerika und wurde von der Presse auch so behandelt, die jedoch nichts davon wissen wollte, dass Lübke, wie so maßlos viele Politiker der Nachkriegszeit, doch nicht viel anderes war als ein alter Nationalsozialist, der sich mühsam in der Kunst der demokratischen Umorientierung versuchte. Immerhin war sein Unterhaltungswert enorm, weil er an beginnender Demenz litt, die immer wieder für bemerkenswerte Auftritte sorgte und vor allem dafür, dass seine alerte und allzeit reparaturfähige Gattin Wilhelmine für geraume Zeit die eigentliche Bundespräsidentin war.

Am 1. Mai 1964, also dem Tag der Arbeiter, traf sich die Oberschicht der deutschen Kolonie im Deutschen Sportclub *Manquehue* in Santiago de Chile, um Lübke zu huldigen oder sich vom Bundespräsidenten huldigen zu lassen. *El Pequeño Cadete* durfte dabei nicht fehlen und ich machte befehlsgemäß meine Honneurs für den senilen alten Mann und seine eheliche Ordonnanz, die in noch altmodischeren Kleidern herumlief wie meine Ottilie. Und natürlich für die Fotografen der Deutschen Botschaft.

Allerdings versetze mir diese Begegnung mit der personifizierten Bundesrepublik einen erschütternden Tiefschlag, der mich dazu brachte, die Uniform danach nicht mehr freiwillig anzuziehen. Vor aller Augen überreichte mir der Bundespräsident als Lohn für meine Dienste zwei Dinge, die ich ganz und gar nicht brauchen konnte und die mir zudem zutiefst ehrenrührig erschienen.

Das eine war die Prägung einer Medaille mit seinem Konterfei, die einer 5-Mark-Münze nicht ganz unähnlich war und die mir mein Vater sofort ehrfürchtig abnahm, um sie als Reliquie in seinem Tresor zu verschließen. Im Gegensatz zu ihm fand ich es in meinem kindlichen Ehrgefühl unmännlich und erbärmlich, dass jemand so eitel sein konnte, sein eigenes Portrait auf eine Münze prägen zu lassen und diese dann auch noch selbst zu verteilen wie ein Zirkusdirektor seine Werbeblätter. — Vielleicht ist das der Grund, warum ich bis heute keine Klappentexte für meine Bücher schreiben kann.

Aber es sollte noch schlimmer kommen. Heinrich neigte sich Wilhelminen zu, worauf diese ihre unfassbar große Handtasche öffnete und ihm eine kleine Stoff-Giraffe der Firma Steiff — die von der „Marke Knopf im Ohr“ — gab, die er mit zeremonieller Geste an mich weiterreichte, als sei es das Bundesverdienstkreuz.

Das war eine Katastrophe. Immerhin war ich inzwischen acht Jahre alt, also praktisch erwachsen, und stolzierte in der Uniform eines Offiziersanwärters herum. Ich war das militärische Maskottchen der Nation und auf meiner Brust prangte ein Orden für den Krieg oder den 25-jährigen Dienst in den Streitkräften. Und jetzt kam ein seniler Opa aus Deutschland daher und schenkte mir vor aller Augen ein Kinderspielzeug. Noch dazu eines für Mädchen, weil nur Mädchen mit Stofftieren spielen. Jungs haben verdammt nochmal Zinnsoldaten. Oder Bajonette.

Und zu allem Überfluss ein komplett desorientiertes Spielzeug, weil er mal wieder die Kontinente miteinander verwechselt hatte: Giraffen gibt es in Afrika! Nicht in Südamerika! Und in Chile schon gar nicht, wenn man mal von magersüchtigen Models absieht.

Was zu viel ist, ist zu viel. Es war nicht leicht, unter diesen demütigenden Umständen eine gute Figur zu machen. Auch ein Geißbock lässt sich nicht gerne öffentlich die Eier abschneiden. Die Augenpaare von etwa 3000 festlich gekleideten Leuten waren auf mich gerichtet. Ich riss mich vorschriftsmäßig zusammen, obwohl ich knallrot anlief, marschierte zurück und suchte instinktiv die Nähe zu meiner Mutter, die in einem seltenen Moment des Einverständnisses alles wortlos begriff und die mörderische Giraffe in ihrer

Handtasche verschwinden ließ, welche mindestens so tief und unergründlich war wie die Wilhelminens.

Von öffentlichen Auftritten hatte ich jetzt genug. Erfreulicherweise kam mir die deutsche Presse zu Hilfe. Im SPIEGEL und in anderen Medien erschienen mal mokante, mal kritische Berichte über die Kinderarbeit in Uniform am anderen Ende der Welt. Was in Chile für Hochrufe, Trinksprüche und gute Geschäfte gesorgt hatte, sorgte in der noch ganz jungen Pressefreiheit der Bundesrepublik für Fragen an die Nachkriegsdiplomatie, die nicht ganz einfach zu beantworten waren. Die Westdeutsche Botschaft geriet in Erklärungsnot und tat das, was man in der Politik immer tut, wenn man unangenehme Fragen bekommt: also sich tot stellen, alles leugnen und die Akteure aus der Schusslinie ziehen. Das kam mir zugute, denn von nun an gab es keine großen öffentlichen Auftritte mehr für mich, bei denen ich in Gefahr geraten konnte, mit Mädchenspielzeug gedemütigt zu werden.

Die kleinen halböffentlichen Einsätze, die Empfänge und das Wangenkneifen von fetten Damen aus den oberen Zehntausend gingen aber noch eine Weile weiter, weil mein Vater nicht genug davon bekommen konnte und weil er sich im Innersten sicher war, das absolut alles, was ihm gegen den Strich ging, egal ob es eine Anweisung aus Bonn war, ein Zeitungsartikel oder eine Darmgrippe, auf die Umtriebe des sowjetischen Geheimdienstes oder der „jüdischen Weltverschwörung“ zurückgehen musste und daher mit soldatischer Sturheit ignoriert werden musste.

Während mein Vater noch tapfer vor sich hin ignorierte, erhielt meine Mutter eine Postsendung aus Deutschland mit einem satirischen Bildband. In ihm enthalten war ein Foto von Lübke und mir in Uniform, auf dem der Greis sich zu mir herunterbeugt und per Sprechblase die goldenen Worte des Horaz flüstert: *dulce et decorum est, pro patria mori.* — Süß und ehrenvoll ist es, für das Vaterland zu sterben. Das ging ihr offenbar endgültig zu weit. Die öffentliche Zurschaustellung eines Kindes hatte ihr Stilempfinden sowieso schon ein wenig strapaziert. Der Spott war in ihren Augen aber wohl nun die Rote Linie, die nicht überschritten werden durfte, um der Familie nicht zu schaden. Vielleicht hatte sie aber auch einfach nur eine ganz eigene Sicht der Dinge. Ihr Bruder und ihr erster Mann waren im letzten Krieg gefallen. Möglicherweise hatte sie darin nichts gesehen, was ihr *dulce* oder *decorum* erscheinen wollte. Oder sie hatte es auf ihre stille und diplomatische Weise einfach satt, sich ständig mit Soldatereien beschäftigen zu müssen. Was auch immer in ihr vorgegangen sein mag — sie sprach offenbar ein Machtwort.

Juanito und Nona packten eines Tages meine Uniform ein und transportierten sie auf den Dachboden. Danach wurde über den Kleinen Kadetten nicht mehr gesprochen. Und ich musste bei Empfängen nicht mehr Wache stehen.

Meine Mutter schenkte mir einen Cowboy-Hut und zeigte mir, wie man aus einem in Streifen geschnittenen Hasenfell und alten Hemden und Hosen eine fast perfekte Trapper-Ausstattung schneidern konnte. Nur für den Fall, dass ich die Uniform vermissen würde.

Das war gut gemeint, aber nicht notwendig. Mit Karl May war ich längst durch. Mit Rommel und Clausewitz auch. In den Bücherregalen meiner Eltern hatte ich inzwischen Dostojewski, Puschkin und Tolstoi entdeckt. Noch dazu eine Menge Bücher über die griechische Antike. Und dahinter in zweiter Reihe versteckt sogar ein paar über die französische Revolution.

Langsam wurde mir klar, dass die Welt komplizierter ist, als meine Eltern sie sich dachten. Und dass Verkleidungen lächerlich sind.

Und dass man für öffentliche Auftritte nur Blech bekommt.

Aber möglicherweise wäre ich einverstanden gewesen, wenn meine Mutter mir anstelle des Cowboy-Hutes eine Jakobiner-Mütze angeboten hätte.

Sergio Vesely

Santiago

Ich weiß genau, dass du vergessen hast
dass ich auf deinen Straßen
das Leben wachsen sah
dass ich dich liebte als Kind
versteckt in deinen Winkeln
Santiago

Wie viele sind gegangen
als deine Hügel dem Wahnsinn verfielen
wie viele rufen dich
über Meere der Entfernung
Santiago

Ich weiß, es ist zu spät, dich zu hassen
dich zu lieben wie damals
dir eine Nachricht zu schicken
mit Fremden über dich zu sprechen
Santiago

Ich will die Erinnerung an dich auslöschen
dich verdammen, weit weg zu leben
dich verfolgen mit meiner Abwesenheit
dich verbannen aus meinem Traum
Santiago

Ich will die Erinnerung an dich auslöschen
dich lieben wie damals
dich hassen, damit du weiterlebst
über dich mit Fremden sprechen
Santiago

Werde ich noch einmal
deinen Boden betreten?
Noch einmal deine Nächte sterben?
Noch einmal deine Sprache sprechen?
Noch einmal deinen Fluss durchqueren?
Santiago

Urs M. Fiechtner

Sex 'n' Drugs 'n' Rock 'n' Roll...
and Amnesty International?

Es ist schon eine Ewigkeit her, aber gefühlt war es eigentlich erst gestern, als ein vor Empörung schwitzender und vor Zorn purpurrot leuchtender Deutschlehrer türenknallend in die 11. Klasse eines Ulmer Gymnasiums stürmte. Er hatte die Zeitung gelesen: Einer seiner Schüler hatte zur Gründung einer Gruppe von Amnesty International aufgerufen. Öffentlich. In der Zeitung. Und der Name der Schule wurde auch noch genannt. Das ging zu weit!

Mit einem „Terroristenfreund" wolle er nichts zu tun haben, tobte der Lehrer. Genau genommen, tobte er auf Schwäbisch — was angesichts einer solch gemütlichen Mundart als künstlerische Leistung anerkannt werden muss — und brüllte daher wörtlich „Terrorischtefreindle". Aber es klang überhaupt nicht gemütlich.

Das Wahre, Gute und Schöne sei in der Pflichterfüllung des Menschen zu finden, schrie er, nicht in „sogenannten Rechten", und das gelte besonders für Deutsche! Wer von Menschenrechten fasele, sei ein vaterlandsloser Geselle und würde mit seiner Humanitätsduselei den Namen seiner Schule in den Dreck ziehen und die Namen aller aufrechten Deutschen noch dazu! Und das auch noch in diesen Zeiten, in denen der Russe vor der Tür stehe und Terroristen das Land bedrohten. Nur ein ausgemachtes Charakterschwein könne in solchen Zeiten die Gehirne mit dem Gefasel über Menschenrechte vernebeln, das sei doch Anstiftung zum Aufruhr oder dasselbe wie Drogen verteilen oder die Leute mit Pornos und perverser Musik verrückt machen, ereiferte er sich, sowas mache nur ein Unterwanderer, ein nützlicher Idiot feindlicher Geheimdienste, ein Berufs-Revoluzzer! Ein Staatsfeind!

Er brüllte laut. Er brüllte lange. Er wurde immer röter im Gesicht und begann, mit Büchern um sich zu werfen. Erst mit dem Klassenbuch, dann mit den Inhalten seiner riesigen Aktentasche, die, weil er viel mehr ein Schwäbisch- als ein Deutschlehrer war, mit den Werken von Uhland, Hauff, Mörike und anderen Schlaftabletten vollgestopft war, die ihm sonst dazu dienten, seine Stunden in feierliche Hochämter für antiken Nationalstolz zu verwandeln — was durchaus besorgniserregend war, denn wenn ein Schwabe anfängt, kreischend mit Mörike um sich zu werfen, dann steht er nicht mehr am Rande des Nervenzusammenbruchs, sondern ist schon mittendrin wie Spätzle in der Soße. Solche Dreckskerle dulde er nicht in seinem Klassenzimmer, schrie er. Raus hier! Du hast Hausverbot! Lebenslang! Und deine Kinder und Kindeskinder auch!

Ich war nicht besonders beeindruckt von der Stringenz seiner Argumente, aber doch von der Vehemenz, mit der sie vorgetragen wurden. Also verließ ich die Schule, sozusagen aus Humanitätsduselei, um nicht verantwortlich zu sein für den explosionsbedingten Herztod eines Deutschlehrers, vor allem aber weil ich der friedensstiftenden Bedingung des Schuldirektors, den Aufruf zur Gründung einer Amnesty-Gruppe „doch ganz einfach zurückzunehmen“, nicht folgen wollte.

Außerdem waren mir Wutanfälle alter Männer mit einem politisch verursachten Blutdruckproblem nicht fremd. Wie viele andere meiner Generation kannte ich derartige Ausbrüche schon, schließlich waren wir mitten im Kalten Krieg, dessen Betonwände und Eisernen Vorhänge nicht nur an irgendwelchen Zonengrenzen herumstanden, sondern sich kreuz und quer durch die gesamte Gesellschaft zogen. Überall entlang dieser inneren Grenzen waren Minen vergraben, die jederzeit hochgehen konnten, wenn man seinen eigenen Weg suchen und nicht auf den streng beschilderten Straßen unserer Eltern, Lehrer oder Professoren marschieren wollte. Bei uns in den beiden Deutschland lagen noch ein paar mehr Minen herum als anderswo, denn zu denen, die aus den Angstfabriken des Kalten Krieges stammten, gesellten sich noch die vielen hinzu, die in den dunklen Kellern unserer Eltern und Großeltern liegen geblieben waren.

Das unrühmliche Ende meiner Schulkarriere hatte allerdings schon zwei Jahre zuvor begonnen, Anfang der 70er Jahre, an einer bayerischen Schule in Starnberg unweit von München. Damals war ich 15 oder 16 Jahre alt und gehörte zu einem Kreis von Schülerinnen und Schülern, die einige Probleme mit jenen Minen aus der Vergangenheit hatten.

Wir wollten nicht länger von Leuten unterrichtet werden, die ihr Handwerkszeug in der Nazi-Zeit erworben und die, wie wir fanden, seitdem nichts dazugelernt hatten. Wir wunderten uns über unsere Geschichtslehrer, die begeistert und endlos über Karl den Großen oder den Alten Fritz schwadronieren konnten, aber nur schmallippig und wortkarg in ein paar Schulstunden durch das „Dritte Reich" hetzten, als wäre jemand hinter ihnen her — nur leider war ja niemand hinter ihnen her. Wir rätselten über den Verstand von Deutschlehrern, die uns die Literatur der Kaiserzeit als „Moderne" verkaufen wollten. Wir hatten Zweifel an der Qualifikation von Französischlehrern, die ihre Sprachkenntnisse ausschließlich als Besatzer in den Bordellen von Paris erworben hatten und uns soldatisches Liedgut übersetzen ließen, angefangen von „Lili Marleen" bis hin zu „Es braust unser Panzer/Im Sturmwind dahin!". Und wir fanden es bemerkenswert, dass der Direktor undisziplinierte Klassen, in denen es etwas lauter zuging, mit dem Ausruf „Hier geht es ja zu wie in einer Judenschule!" unter Kontrolle zu bringen versuchte.

Immerhin hatten wir lesen gelernt und eine Menge vernünftiger Bücher gefunden, die man unter der Schulbank lesen konnte. Wir tauschten sie untereinander aus oder handelten damit wie mit Marihuana oder LSD, die man damals „bewusstseinserweiternde" Drogen nannte — eine Bezeichnung, über die man sich bei Drogen streiten kann, bei Büchern aber nicht. Manche dieser Bücher handelten von der uralten Auseinandersetzung zwischen denen, die dank ihrer besseren Bewaffnung oder ihres Schweizer Bankkontos über überzeugende Machtmittel verfügten und denen, die über gar nichts verfügten außer ihrem verzweifelten Wunsch, in Würde zu überleben. Einige von uns lasen über die Studentenunruhen von 1968, über den Bruch mit der Vergangenheit und die Sehnsucht nach einer anderen Gesellschaft. Sehr schnell kursierte ein Spruch, den man im Mai '68 überall an den Mauern von Paris gesehen hatte: „Der Wind frischt auf, wir müssen versuchen zu leben".

Genau das wollten wir auch. Also versuchten wir den Direktor unter Kontrolle zu bringen, indem wir gegen ihn auf der Straße demonstrierten — in der Zeitung hieß es, es sei im gutbürgerlichen Starnberg „die erste Demonstration seit den Novemberunruhen von 1918" gewesen — aber wir hatten in Physik nicht aufgepasst und die Sache mit dem längeren Hebel falsch berechnet. Es flog zwar niemand sofort von der Schule, aber unsere Noten wurden wie durch Zauberhand immer schlechter — und wenn einzelne Lehrer dabei nicht mitspielen wollten, wurden längst benotete Klassenarbeiten von der Fachaufsicht eingezogen und neu bewertet. Wenn das nichts half, hagelte es Suspendierungen für geringste Vergehen. Gegen legalisiertes Schulschwänzen ist zwar nichts einzuwenden, dumm war nur, dass jede in dieser Zeit verpasste Klassenarbeit automatisch mit einer glatten Sechs bewertet wurde. Es gab eine Menge Druck und langsam wussten wir nicht mehr, wie wir uns dagegen wehren sollten. Manchmal zweifelten wir auch schon daran, ob wir noch im Recht waren oder tatsächlich so verwirrt und verdorben, wie es unsere Lehrer behaupteten.

In dieser Zeit kamen Referenten von Amnesty International an die Schule. Es war nur ein Zufall, der nichts mit unseren Konflikten zu tun hatte, sondern mit einem Projekttag über Lateinamerika, über die sozialen und politischen Konflikte dort und über die Unterdrückung der Meinungsfreiheit durch Diktaturen. Letzteres kam uns irgendwie bekannt vor, aber vor allem begegneten wir den ersten Erwachsenen in unserem Leben, die eine präzise Vorstellung von der Freiheit des Menschen hatten, die etwas zu sagen hatten über unsere Rechte, nicht nur über unsere Pflichten, und die dabei nüchtern und vernünftig blieben, ganz weit weg von all den ideologischen Verkrampfungen und den verfeindeten Lagern jener Zeit. Außerdem schienen sie unsere Lehrer nervös zu machen, mehr noch als die Demonstrationen, weil das, was sie da hören mussten, nicht nur in der Menschenrechtserklärung der Vereinten Nationen stand, sondern zu ihrem Bedauern auch im Grundgesetz der Bundesrepublik Deutschland.

Das fanden wir interessant. Wir schlichen uns in der Nacht raus und nagelten an das Schultor ein Schild mit einer Aufschrift, die wir uns von den Grenzübergängen an der Berliner Mauer abgeschaut hatten: „Achtung! Sie verlassen den Geltungsbereich des Grundgesetzes der Bundesrepublik Deutschland!". Und wir gründeten eine der ersten Schülergruppen von Amnesty International in Deutschland.

Damit hatten wir uns allerdings noch verdächtiger gemacht, als wir es sowieso schon waren. Ein paar Wochen später holte mich mein Vater am Schultor ab, was er sonst nie tat, schon gar nicht in voller Uniform. Er war damals Standortkommandant von München, also ein halbwegs hohes Tier bei der Bundeswehr, setzte aber seine Privilegien sparsam ein und kreuzte nur dann im Dienstwagen auf, mit Standarte und Chauffeur und Adjutanten, wenn er eine wichtige diplomatische Funktion zu erfüllen hatte oder wenn, wie er sich militärisch knapp ausdrückte, „die Kacke am Dampfen" war. Offenbar war die Kacke diesmal gewaltig am Dampfen, denn sein Blutdruck war am Anschlag und an seinen Schläfen konnte man die Zornesadern pochen sehen.

Mein Vater war ein aufrechter Mann und eine durch und durch ehrliche Haut, aus der er aber dank seines leicht entflammbaren Temperamentes auch wie ein Artilleriegeschoss herausfahren konnte, sobald jemand seine im Zweiten Weltkrieg in Stahlgewittern geschmiedeten Auffassungen von Ehre und Anstand in Frage stellte oder es wagte, an seinem Weltbild zu rütteln. Zu seinem Unglück wurde pausenlos daran gerüttelt und die Welt war übervoll von Themen, die wie Brandbeschleuniger auf seinen Blutdruck wirken mussten: Kommunismus (jüdisch-bolschewistische Weltverschwörung!); Russen (stehen vor der Tür!); Langhaarige (alles

Kommunisten!); Drogen (eine Waffe der Kommunisten!); Rockmusik (Gehirnwäsche der Kommunisten!), Mini-Röcke, Freie Liebe, Hippies, Homosexualität, Kriegsdienstverweigerung, Pressefreiheit, Gleichberechtigung, Demonstranten, Pazifismus, Ungehorsam, Pornofilme...: alles Tricks der Kommunisten! Die Reihe war endlos.

In vorderster Frontlinie fürchtete mein Vater, ganz so wie meine Lehrer, um die „Jugend von heute" — die es damals allerdings ebenso wenig gab wie zu irgendeiner anderen Zeit und die in seinen Augen in der größten Not war, unterwandert und verwirrt und aufgeweicht zu werden durch die übermächtigen Feinde Sex, Drogen, Rockmusik und Demokratie.

An diesem Tag war leicht zu sehen, dass er an einem dieser Themen schwer zu schlucken hatte. Ich rechnete mit dem größten Anschiss aller Zeiten — wenn er wollte, konnte mein Vater auf dem Kasernenhof ein komplettes Bataillon derart in Grund und Boden brüllen, dass die Stahlhelme davonflogen. Aber diesmal blieb er ganz leise. Gefährlich leise.

Er ließ mich wortlos in den Dienstwagen einsteigen und blätterte in einer Akte auf seinem Schoß, auf deren Umschlag das bayerische Staatswappen prangte. „Ich weiß jetzt endlich, warum du so urplötzlich ein schlechter Schüler geworden bist", sagte er. Und dann las er mir aus der Akte vor. Erst kamen die Namen und Adressen aller meiner Freunde. Dann die Adressen der Orte, an denen wir uns trafen, die Eisdiele, die Kneipe am See, der Sportplatz, die Disko im verlassenen Bootshaus, die Studenten-WG am Bahnhof, der Badestrand... Dann kam unsere Wohnung dran mit den Namen der Leute, die mich besuchten, Beschreibungen der Fahrräder, die vor der Tür standen, Nummernschilder von Mofas und Rollern und Autos, peinlicherweise auch die Personenbeschreibung und Namen der beiden Mädchen, mit denen ich gleichzeitig ging und die nichts voneinander wissen sollten (und meine Eltern schon gar nicht...). Zuletzt waren alle Treffen der neuen Amnesty-Gruppe im evangelischen Gemeindehaus aufgelistet, einschließlich der persönlichen Daten sämtlicher Mitglieder.

Es waren ungefähr 20 Seiten in enger Schreibmaschinenschrift, aus denen er mir da vorlas. Die Angaben stammten aus mehreren Monaten und waren fast lückenlos. Danach folgten Seiten mit politischen Bewertungen: In der Studenten-WG — die hier „Kommune" genannt wurde — gäbe es jemanden, las er vor, der zum Marxistischen Studentenbund Spartakus gehöre, einen Bart wie Fidel Castro trüge und kubanische Zigarren rauche; eine meiner Freundinnen stamme aus einer Familie die komplett sozialdemokratisch sei, während des Dritten Reiches im Exil gelebt habe und heute Willy Brandt unterstütze; mein bester Freund sei auf Veranstaltungen von „Anarchisten" aus dem „Rock-and-Roll-Umfeld" gesehen worden; zwei weitere Freunde hätten an Veranstaltungen gegen die CSU und den Bundestagsabgeordneten Franz Josef Strauß teilgenommen; die

Band, in der ich spielte, würde Drogen anpreisen, gezielt anti-amerikanische Lieder spielen „unter anderem von den Protagonisten B. Dylan, J. Baez, P. Seeger sowie P. Floyd" und zu ungezügeltem Sex aufrufen. Und die Schüler, die das ganze Theater gegen den Direktor inszeniert hätten, seien alle mit den Jungsozialisten und sonstigen Unterwanderern verbandelt.

Mein Vater holte Luft: Und, verdammtnochmal, diese Organisation Amnesty International, bei der ich mich neuerdings herumtreiben würde, sei, und das wisse doch eigentlich jeder Vollidiot, nichts anderes als eine Schöpfung des sowjetischen Geheimdienstes KGB! Das sei wohl der Gipfel — sein Sohn ein russischer Agent!

Er schlug die Akte zu und sah mich an, noch immer puterrot, aber noch immer ganz leise: „Nein, nicht was Du denkst," sagte er, „ich schnüffele nicht hinter Dir her — aber andere beobachten Dich, und das aus gutem Grund, weil die Leute um Dich herum restlos verdorben sind. Deine Schule hat den Verfassungsschutz auf Dich aufmerksam gemacht, weil Du Dich in den falschen Kreisen herumtreibst. Du bist unter faule Äpfel geraten, Du hast Dich anstecken lassen und musst jetzt die Konsequenzen tragen." Er holte nochmal Luft und erklärte mir, dass ich in diesem Schuljahr zum zweiten Mal durchfallen würde, das sei schon jetzt ausgemachte Sache und nicht mehr zu verhindern. Und in Bayern würde mich dann kein Gymnasium mehr aufnehmen. Er dächte auch gar nicht daran, mich in dieser verpesteten Umgebung zu lassen. Ab dem nächstem

Jahr würde ich nebenan in Baden-Württemberg zur Schule gehen und dort von vorne anfangen. Ganz von vorne. Und damit Ende der Fahnenstange!

Mir blieb keine Wahl, als zu gehorchen. Und als guter Soldatensohn den Befehl meines Vaters wörtlich zu nehmen, nämlich an der neuen Schule „ganz von vorne anzufangen". Der Befehl war ausgeführt — die Attacke des Ulmer Deutschlehrers, so durchgeknallt sie auch war, kam deshalb nicht wirklich überraschend.

Die Amnesty-Gruppe in Ulm gibt es übrigens heute noch. Die Schule in Ulm auch. Nur der Schwäbischlehrer ist nicht mehr da. Aber neulich hat mich einer seiner Nachfolger angerufen und deutliche Zeichen des Zorns gezeigt — über seine Schüler. Die seien nämlich politisch ungebildet und desinteressiert, klagte er. Sie hätten nicht die geringste Ahnung über Menschenrechte. Unwissenheit sei doch der perfekte Nährboden für Rechtsradikale oder so. Ob Amnesty da nicht irgendetwas tun könnte? Vielleicht einen Vortrag halten? Oder an der Schule eine Amnesty-Gruppe aufbauen?

Selbstverständlich habe ich ihm zugesagt. Und selbstverständlich bin ich in meine alte Schule gegangen, um dort etwas über die Entwicklung und die Verteidigung der Menschenrechte zu erzählen.

Und selbstverständlich habe ich danach, mitten im freundlichsten Gespräch mit dem Lehrerkollegium, die Schulsekretärin gebeten, bei der Polizei anzurufen.

Weil ich ein deutscher Soldatensohn bin und Ordnung nun einmal sein muss und ich mich selbst anzeigen wollte. Wegen des lebenslangen Hausverbotes.

Und weil ich wissen wollte, ob die Zeiten sich wirklich ändern. Oder ob sie manchmal nur so tun als ob.

Sergio Vesely

Vamos a ver

Wir werden sehen

Wir werden sehen
ob wir die Welt
auf den Kopf stellen können
bevor ich bis drei zähle

Wir werden einen Menschen sehen
der zu lieben lernt
ein Kind, das König wird
bevor ich bis drei zähle

Wir werden sehen
ob noch Musik in dir ist
ob dein Herz noch Zauber besitzt
ob dein Traum dich Sternen folgen lässt
ob durch dein Lachen der Krieg aufhört
Wir werden sehen

Wir werden sehen
ob du mitmachen willst
und wie viele wir sind
und wie viele Wahrheiten es gibt

Wir werden sehen
ob Musik in dir ist
ob du Lust hast, dein Leben zu leben
ob es dir egal ist, ohne Namen zu leben

Ob durch das Lachen der Krieg aufhört

Ich zähle bis drei
und dann schau' ich dich an
und ich erkenne einen Freund
Wir werden sehen

Uno! Dos! Tres!

Urs M. Fiechtner

Aller Anfang ist leicht

oder die Erfindung der Konzertlesung

Es war ein unangenehmer Tag Anfang 1977, als Sergio Vesely mir zum ersten Mal begegnete. Draußen war es März, die andere Seite des tristen November, auf dessen bleigrauer Kälte die Sonne aber immerhin ihre ersten Gehversuche macht. Es war verregnet draußen und kalt und die Welt aus den Fugen, so wie sie es im vergangenen Jahrhundert eigentlich immer war. Drinnen aber war es warm, und in der Mehrzweckhalle im kleinen, süddeutschen Ehingen liefen freundliche, neugierige und engagierte Leute zwischen verschiedenen Sälen hin und her, in denen aufregende Dinge stattfanden — oder solche, die man damals für aufregend hielt. Es ging um Politik und Kultur, es ging um die kritische Aufklärung, es ging um den Widerstand gegen die herrschenden Verhältnisse, und es ging um die Solidarität untereinander, besonders aber mit dem Rest der Welt. Außerdem dienten sie noch einem speziellen guten Zweck, irgendeinem rebellischen Projekt im dritten Teil der restlichen Welt oder einer der vielen aufblühenden Organisationen der Zivilgesellschaft, denen die erwirtschafteten Gewinne aus solchen Veranstaltungen zufließen sollten. Vor allem aus den letzten beiden Gründen nannte man solche Ereignisse im 20. Jahrhundert *Solidaritätsveranstal-*

tungen — sie fanden überall statt und sorgten selbst in den unwegsamsten Gebieten der ländlichen Provinz für einen fast ebenso regen Zulauf, wie sie heute Casting-Shows im Fernsehen oder Konzerte von taperigen Volksmusikanten erleben. Die Leute waren nur etwas anders.

Solidaritätsveranstaltungen gibt es übrigens immer noch. Sie heißen bloß nicht mehr so, da die Welt sich weiter entwickelt hat, wie sie es immer tut, auch wenn sie uns mit ihrer Weiterentwicklung nicht immer einen vorwärts strebenden und somit leicht verständlichen Vorgang miterleben lässt. Heute nennt man sie auch *Benefizveranstaltungen*, weil die Moderne rückwärts schaut und Begriffe aus dem 19. Jahrhundert vertrauenswürdiger findet als solche aus dem 20. Jahrhundert. Das kann man verstehen, wenn man es unbedingt muss oder wenn man aus dem Osten kommt, wo „Solidarität“ nichts mit Opposition zu tun hatte sondern im Gegenteil eine staatlich organisierte Angelegenheit war. Aber man kann es auch lassen. Ob aber nun Benefizveranstaltungen Solidaritätsveranstaltungen heißen oder umgekehrt, auf jeden Fall haben sie den Umstand gemeinsam, dass sie mit allem guten Willen organisiert sind, aber aus dem guten Willen nicht zwangsläufig guter Sachverstand folgt. Man geht eben auch gutmütig mit den gegebenen Umständen um und versucht nicht, sie in das tyrannische Korsett einer präzisen Planung zu pressen. Folglich geht gerne alles schief — aber selbstredend immer auf eine menschlich sympathische Weise.

Man hatte mich eingeladen, um ein neues Buch vorzustellen. Genauer gesagt, mein erstes. Ein politisches Buch, in dem es um Kunst und Politik ging, besonders aber um politische Verfolgung, um den Widerstand gegen Diktaturen und um die Folgen daraus. An dem Buch hatten mehrere Lyriker mitgearbeitet — oder solche, die es, wie ich, erst werden wollten —, darunter auch einer, der seine Beiträge in den Gefängnissen und Lagerbaracken der chilenischen Militärdiktatur niedergeschrieben und sie ins deutsche Exil gerettet hatte. Sie standen jetzt in diesem neuen Buch, das ich vorstellen sollte; er hatte sie mir geschickt und ich hatte sie übersetzt, ohne mich darüber hinaus besonders um ihn zu bemühen oder viel von ihm zu wissen. Aber seine Texte hatten etwas Besonderes. Sie kamen nicht im Marschrhythmus daher wie so viele politische Texte jener Zeit, sondern verwendeten eine fein gestimmte Sprache, die mit tiefen Emotionen ebenso umzugehen verstand wie mit distanzierter Ironie und waren, wie ich fand, von großer poetischer Dichte.

Wolf Biermann sang damals poetisch-rumpelige Lieder, in denen „Knarre“ und „Gitarre“ eine reimende Einheit bilden durften, Franz-Josef Degenhardt balladierte mit fröhlichem, aber parteipolitisch präzise beschildertem Hintersinn vor sich hin, Hannes Wader lagerfeuerte tüchtig auf jene kämpferische Weise, in der schon die alten Wandervögel sungen — doch ein gewisser Sergio Vesely hatte mir Gedichte und Lieder geschickt, in denen er von Schwalben erzählte, die auf der Stacheldrahtumzäunung seines Konzentrationslagers eine Notenschrift bildeten, um den Gefangenen das Singen beizubringen. Oder das Fliegen.

Solch subversive Schwalben fand ich eine Spur interessanter als die trommeligen Verse, die damals die politische Liedkultur beherrschten, und zudem überzeugender, weil ich noch nie im Gleichschritt marschierende Schwalben gesehen hatte — aber jede Menge irgendeiner Fahne hinterherlaufende Dummköpfe. Außerdem hatte ich mich damals schon ein wenig mit den Unterschieden zwischen *Poésie pure* und *Poésie engagée* befasst, mit Fragen rund um das Zusammenwirken von Literatur und Musik und mit der höchst unterschiedlichen Art und Weise, wie romanische Kulturen im Vergleich zum deutschsprachigen Raum damit klarkommen. Das Zusammengreifen von Politik und Literatur und Musik hatte ich bei den großen lateinamerikanischen *Cantautores* Silvio Rodriguez, Violeta Parra, Victor Jara und Daniel Viglietti studiert — und schon ein bisschen verstanden (oder zumindest geglaubt, es zu verstehen) warum seit dem Vormärz die politisch engagierte Lyrik der Deutschen und ihre Lieder so bemüht pädagogisch daherkamen, so einengend programmatisch und so verkrampft volkserziehend, anstatt einfach von den Dingen zu berichten, so wie sie sind oder wie sie es sein sollten, wie es seit Alters her die Aufgabe der Poesie ist.

Die Antwort war einfach: die Deutschen muss man ernst nehmen, beim Wort nehmen, wenn sie etwas sagen, und wenn sie von sich sagen, dass sie „Liedermacher“ sind, dann meinen sie wirklich Leute, die Lieder „machen“, so wie andere Werkzeuge machen oder einen Tisch oder einen Dachstuhl oder einen Weltuntergang. In Deutschland hat alles Ziel, Zweck und Sinn. Wenn etwas gemacht wird, wird es wegen etwas anderem gemacht. Also sind damals wie heute „Liedermacher“ nur Leute, die für einen höheren Zweck Lieder machen wie ein Werkzeug. *Cantautores* sind da anders. Auch wenn sich einige von ihnen gelegentlich als „Macher“ für höhere Zwecke anheuern lassen, so sind sie meist doch nur genau das, was der Name meint: „singende Autoren“ eben, und sonst nichts, keine Macher, keine Dachstühle und keine Werkzeuge.

Zu besagter Veranstaltung also hatten die rührigen Organisatoren auch Sergio Vesely eingeladen, natürlich auch ihn aus Gründen der Solidarität — worunter man allerdings damals wie heute keineswegs die Solidarität des Gastgebers mit einem aus seiner Heimat per Militärverfügung verbannten, mittellosen Sängers und Poeten meinte, sondern die Solidarität des hereingeschneiten Exilanten mit den guten und sinnreichen Beweggründen des heimischen Veranstalters, für den er zur Aufbesserung der solidarischen Kasse kostenlos aufzutreten hatte: wenn wir etwas Gutes tun, dann haben die Erniedrigten und Beleidigten uns dabei gefälligst solidarisch zur Seite zu stehen!

Die gleichzeitige Einladung von uns beiden war nur ein Zufall, wir hatten spät davon erfahren und keine Gelegenheit gehabt, uns zu verabreden. Trotzdem hatte ich keine Zweifel daran, ihn in der Menge sofort ausfindig machen zu können, denn der politisch bewegte lateinamerikanische Sänger an sich und als solcher hatte immer denselben Auftritt: er kam, als sei es naturgesetzlich vorgeschrieben, immer in einer Traube sehr junger, sehr schlanker und meist sehr blonder Mädchen daher, die jedoch, im vergeistigten Gegensatz zu sinnlos einher kreischenden Pop-Gören, eher schweigsam und nachdenklich-in-sich-gekehrt in der einen oder anderen Weise an seinen Lippen hingen. Ich sprach also den ersten Menschen an, der mir in einer Traube politisch vergeistigter hübscher Mädchen entgegen kam, obwohl mir sofort aufgefallen war, das der Kerl in der Mitte etwas anders war als alle anderen von der Sorte, die ich bis dahin kennen gelernt hatte: er trug seine Gitarre selbst.

Das war mir neu. Denn die gewöhnlichen Exemplare der Gattung *Cantautorus Latinoamericanensis* trugen zu jener Zeit ihre Gitarren niemals selbst, sondern ließen sie mitten in der Höhle des europäischen Löwen als späte Rache an den Kolonisatoren von den Kindern ihrer Ausbeuter schleppen, nebst allen anderen Requisiten, die man für einen Auftritt braucht — und man sah es ihnen an, dass sie anstelle der Gitarre noch lieber einen kompletten Konzertflügel auf den Rücken einer langhaarigen blonden Kolonialistentochter gebunden hätten. Außerdem pflegten sie zu stolzieren, diese Herolde der Unterdrückten, und in der Öffentlichkeit mürrisch-herrisch auf die Schar ihres Gefolges herabzublicken, wobei sie nur hinter verschlossenen Türen jenen überwältigenden, wenngleich überaus durchsichtigen Charme entwickelten, der dem *Latin Lover* bis heute zu seinem, im Feld der alltäglichen Beziehungspraxis allerdings vollständig unverdienten, Ruf verhilft.

Sergio Vesely aber trug nicht nur seine Gitarre selbst, sondern schlenderte, statt zu stolzieren, und warf mit seinem Charme nur so um sich, anstatt ihn hinter der üblichen Mauer aus promenierender Überheblichkeit zu verstecken. Es war leicht zu sehen: dieser Mann war kein Musikfunktionär und kein Propagandahengst. Er war einfach nur ein Künstler. Und er konnte lachen, sogar über sich selbst.

Ein Jahr zuvor hatte ich ein paar ebenso politisch wie literarisch interessierte Freunde gefragt, ob sie es sich vorstellen könnten, eine Art von Autorenkollektiv oder Autorengruppe zu gründen, um Bücher zu schreiben, die zu einem ganz besonders komplexen Thema nicht nur die Perspektive eines einzigen, sondern die Wahrnehmung mehrerer Menschen anbieten sollten, und zwar Menschen von ganz unterschiedlicher Herkunft und mit sehr unterschiedlichen Erfahrungen. Das komplexe Thema ließ sich leicht umreißen, aber nicht wirklich gut beschreiben: die Geschichte der Menschenrechte, ihr Zustand in der Gegenwart und ihre Entwicklung in der Zukunft. Und ich wollte vor allem die Geschichten derjenigen aufschreiben, denen man alles Recht genommen hatte und den Menschen, die in den Opferstatistiken der Vereinten Nationen oder von

Amnesty International standen, ihre Individualität und ihr Gesicht zurückgeben.

Eigentlich ein Thema für Juristen und Politiker, aber gerade denen wollten ich es auf keinen Fall überlassen. Und schon gar nicht den Ideologen, die zu jener Zeit eine übergroße Bedeutung hatten, welche ihr aufs Kleinste eingegrenzte Weltbild allerdings bei weitem überstieg. Die Leute mit den dogmatischen Welterklärungen waren schon immer die Pest aller Zeiten. Ich suchte nach anderen. Nach vernünftigen Leuten.

Seltsamerweise fand ich sie auch, und zwar recht schnell. Das kann man mit schierem Zufall erklären oder damit, dass in den 70ern eben alles „irgendwie Kunst" war und ganz bestimmt alles „irgendwie politisch". Beides miteinander zu verbinden, war damals nicht viel mehr als eine bloße Selbstverständlichkeit und überhaupt nichts Besonderes. Ich wollte aber etwas Besonderes daraus machen, nämlich eine literarische Einmischung in Politik jenseits von den Krankheiten dieser Zeit — also den pamphletierenden Poeten, die doch besser ein Flugblatt als ein Gedicht geschrieben hätten — und jenseits der instrumentalisierten Autoren, die sich doch lieber gleich als Parteifunktionäre eingetragen hätten denn als Literaten.

Literatur hat unendlich viel mit Fragen der Wahrnehmung zu tun und deshalb auch sehr viel mit der Frage, ob man am Ende als gewissenhafter Analytiker und Transporteur eines Ausschnittes der Wirklichkeit dastehen will oder als stupider Missionar, der den Leuten an der Gartentür die ersten und die letzten Dinge des Daseins in drei Minuten weismachen will.

Die Gruppe war schnell beisammen, aber sie erwies sich als unvollständig. Aus vielen Perspektiven schreiben zu können heißt nicht nur, viele Perspektiven imaginieren zu können, sondern manchmal auch, diese erfahren zu haben. Aber keiner von uns besaß die Erfahrung eines politischen Häftlings in einem modernen Konzentrationslager und hatte sich diesseits des Stacheldrahtzaunes, nicht jenseits davon, mit existentiellen und politischen Formen der Lyrik befasst.

Sergio Vesely schon. Ich suchte ihn — oder besser gesagt seine Sorte — unter den vielen Flüchtlingen und anderen Hereingeschneiten, die damals in den Westen Deutschlands kamen. Einige obskure Gesetze der chilenischen Militärjunta, die Verbannungsstrafen für politische Vergehen vorsahen oder unbestimmte Haftstrafen für politische Gefangene durch Verbannungen in ein fernes Land ersetzen wollten, erzwangen oder ermöglichten die Ausreise dieser Menschen — vorausgesetzt, irgendein Land wäre gewillt, diese Leute aufzunehmen. Wie in einem Versandhauskatalog konnten sich Menschenrechtler bestimmte Häftlinge für Ihr Land bestellen und sie damit aus dem Gefängnis oder Konzentrationslager holen.

Amnesty International hatte Sergio Vesely auf eine Liste für mehrere Länder gesetzt, darunter auch Westdeutschland. Wenn er wollte und der Bundesnachrichtendienst keine Einwände wegen einer möglichen

Gefährdung der BRD erhob, konnte er seine Verbannung in Westdeutschland absitzen. Die Geheimdienstler hatten entweder keine Einwände oder keine Ahnung und sie ordneten Vesely als Mitglied einer für die BRD ungefährlichen Widerstandsbewegung ein, Amnesty International half noch etwas nach, und schon hatte er sein Visum und den Umtausch seiner KZ- und Gefängnishaft in das deutsche Exil in der Tasche.

Es dauerte eine Weile, bis ich mich durch die Reihen der Flüchtlinge und Verbannten durchgefragt hatte. Den Kontakt herzustellen war zwar leicht, denn ich hatte schon einige Jahre praktischer Erfahrungen bei Amnesty International hinter mir und war an einigen Freilassungen beteiligt, konnte also mit aufgeschlossenen und hilfsbereiten Gesprächspartnern rechnen; — allerdings haben Menschen, die aus einem Konzentrationslager in ein Flugzeug verfrachtet um dann am anderen Ende der Welt in einem exotischen Land wieder ausgespuckt zu werden, zunächst andere Sorgen, als über den Sinn der Dichtung hinter Stacheldraht zu diskutieren, die Namen und Adressen von poetisierenden Mitgefangenen zu memorieren oder beim Entstehen eines Lyrikbändchens zu helfen. Es wäre schneller gegangen, hätte ich nach dem Kontakt zu parteipolitisch organisierten Autoren für einen aufrüttelnden Aufruf gegen die Hydra des Imperialismus et cetera gefragt und nicht nach, nun ja, eben bloß Poeten.

Aber eines Tages klappte es dann doch. An einem der üblichen unfreundlichen, nasskalten Tage, die sich unsere Behörden ausgedacht haben, um die Zahl der nach Deutschland strebenden Flüchtlinge klein zu halten, besuchte mich 1976 ein exilierter Funktionär, Mitglied im Zentralkomitee einer chilenischen Partei, die so konsequent links war, dass sie alle anderen außer sich selbst als „Reaktionäre“ einstufte. Er wollte meine Hilfe beim Aufbau eines Netzwerkes lateinamerikanischer Widerständler in Europa, sei es, weil er Amnesty International für den verlängerten Arm des antiimperialistischen Kampfes der Arbeiterklasse hielt oder aus optischen Gründen, weil ich, wie er, fast immer in einer schwarz glänzenden Lederjacke unterwegs war, die ich mir vor Jahren aus Argentinien, der wichtigsten Heimat des Rindviehs nach Texas, besorgt hatte. Schwarze Lederjacken galten zu jenen Zeiten als Ausweis proletarischer Gesinnung, da sie billig in Dritte-Welt-Ländern hergestellt wurden und sowohl bei der Werktätigkeit wie auch im Straßenkampf ebenso wenig kaputt zu kriegen waren wie US-Militärparkas — welche jedoch schon in den 60ern von bourgeoisen Hippies und Kriegsgegnern usurpiert worden waren, denen politisch nicht zu trauen war und von denen sich echte proletarische Funktionäre unbedingt modisch abzugrenzen hatten.

Allerdings trug ich meine Lederjacke allein aus praktischen Gründen, nämlich nur, weil ich nichts anderes mehr besaß, nachdem mein spielsüchtiger Hund die Unkaputtbarkeit eines US-Parkas als Legende entlarvt hatte. Es hätte ihm zudem auffallen müssen, dass ich im Gegensatz zu ihm die dazugehörige revolutionäre

Pflichtkappe nicht besaß, also wahlweise die europäische Schiebermütze (wegen Arbeiterklasse) oder die lateinamerikanische Boina (wegen Che Guevara), was teils daran lag, dass ich alberne Kopfbedeckungen sowieso nicht mag und teils daran, dass mir ein baldiger, von Spott und Gelächter getragener Volksaufstand in der DDR schon allein aufgrund der absurd spießigen Hutmode ihres Politbüros unausweichlich erschien und ich mit lächerlichen Rindviechern wie Mielke und Honecker nicht verwechselt werden wollte.

Während wir vom Ulmer Hauptbahnhof auf einen der vielen Hügel stiegen, die in Ulm aus unerfindlichen Gründen die Bezeichnungen für Nutzvieh erhalten haben — es wird das Thema eines anderen Buches sein, warum Leute unbedingt auf einem Ort namens „Eselsberg“ ihre Häusle bauen wollen — entwickelte besagter Funktionär mir sein Projekt eines Europaweiten Netzes politischer Gruppen, die nach dem Muster der IRA halb dem militärischen Flügel des chilenischen und überhaupt lateinamerikanischen Widerstandes zuarbeiten und diesen mit Waffen und Munition versorgen sollten, und gleichzeitig halb dem politischen Widerstand dienen sollten, mit friedlichen Mitteln, also mit „Propaganda“.

Auf dieser Eisfläche wollte ich aber partout nicht tanzen und erläuterte ihm als konversative Gegenmaßnahme das Projekt eines Netzwerkes aus lateinamerikanischen Dichtern und Musikern im Exil. Das verwirrte ihn gewaltig, was auch durchaus meine Absicht gewesen war. Schwierigen Gesprächspartnern entkommt man am besten, indem man ihnen nicht etwa widerspricht, sondern sie mit unvermuteten Reaktionen aus dem Konzept bringt. Das klappt immer, nicht nur bei Genossen. Auch bei religiös Entflammten, bei Nazis oder Schwiegermüttern. Es klappt sogar beim unüberschaubar großen Korps der deutschen Hilfspolizei — also bei Rentnern — deren Zurechtweisungen und sonstigen Verfolgungen ich schon als Halbstarker fast immer mit einer Technik entkam, die ich mir teils vom Hauptmann von Köpenick und teils von meinem Offiziersvater ausgeliehen hatte: wann immer mir ein älterer Mann dumm kam, stemmte ich die Arme in die Seiten und schnarrte ihn im Kasernenhofton an: *stehn Se jefälligst stramm, wennse mit mir reden! Ham Se überhaupt jedient?!* — was mit der Zuverlässigkeit eines VW-Motors in der Auseinandersetzung zwischen einem alten Herren und einem langhaarigen Jugendlichen immer dazu führte, dass der Angreifer für einige Zeit intellektuell ausgeschaltet war.

Dem Funktionär erging es nicht anders. Auf die Sache mit der Poesie war er nicht vorbereitet. Er geriet ins Stottern, vergaß für einen Moment die Sache mit der Guerilla und gab umständlich zu, dass Kultur auch irgendwo irgendwie irgendwas mit Revolution zu tun haben könne — oder so. Ich hakte nach und fragte ihn aus, über „Kultur oder so“, vor allem über Kulturarbeit von Gefangenen. Darüber hatte er noch nie nachgedacht, aber ließ sich dann doch einen Namen entringen. Ja, sagte er, im Konzentrationslager von Puchuncaví und im Gefängnis von Valparaíso wäre schon so ein

„komischer Vogel" gewesen, der Gedichte und Lieder geschrieben hätte, ein gewisser Vesely, und der sei jetzt auch in Deutschland, nämlich in einem Asylwohnheim in Stuttgart.

Damit hatte ich beides erreicht, was ich wollte, nämlich eins meiner Beine — genauer: meiner Ohren — aus den schwankenden Böden der politischen Moorlandschaft zu ziehen und zweitens endlich eine Adresse.

Ich schrieb den „komischen Vogel" an, bekam als Antwort ein paar Gedichte und Liedtexte, übersetzte sie und schickte sie ein paar Monate später mit dem fertigen Buch in gedruckter Form wieder zurück. Was ich allerdings nicht wusste war, dass meine Gabe bei Vesely eher Misstrauen als Begeisterung auslösen würde. Junge Autoren sind normalerweise so gebaut, dass sie ihr erstes Druckwerk dutzendemal lesen, mit ins Bett nehmen oder in eine Vitrine stellen, darüber hinaus den Drucker und seine Maschinen, den Verleger und den Herausgeber am liebsten abknutschen würden und auch sonst ziemlich viel Wind machen. Dieser Autor war nicht so gebaut. Es kam ihm eher verdächtig vor, seinen Namen über einem unleserlichen Text zu sehen, der zwar angeblich von ihm stammen sollte, aber von dem nicht gewiss war, was der Übersetzer aus ihm gemacht hatte. — Noch dazu in einer Sprache, von der alle zivilisierten Bewohner dieses Planeten wissen, dass sie wie ein Sack Zement klingt. Und die auch sonst ein wenig unheimlich ist, weil sie nicht, wie es die natürliche Ordnung der Dinge wäre, in einem geistreichen französischen Salon verfeinert oder in den Hoden eines spanischen Stieres mit Leidenschaft und Pathos gesättigt wurde, sondern geboren von einer wenig Vertrauen erweckenden Melange aus den undurchdringlichen Wäldern des Arminius, der spartanischen Theologenzelle Luthers, der pedantischen Studierstube Kants und der bürokratischen Mordmaschine Eichmanns. Einer solchen Sprache kann man nicht trauen.

Folglich konnte Vesely auch mir nicht trauen, als wir uns im verregneten Ehingen zum ersten Mal trafen. Wir umarmten uns zwar sofort und sprachen uns gegenseitig als *hermano* an, also als „Bruder“, aber das waren nur die gängigen „irgendwie politischen“ Umgangsformen, die nicht wörtlich zu verstehen waren. Auch nicht das Umarmen, denn der lateinamerikanische *Abrazo* ist nicht, wie harmlose Touristen glauben, ein Zeichen südländischer Herzlichkeit, sondern dient in Wahrheit dazu, den anderen nach versteckten Waffen abzutasten. Aber miteinander reden mussten wir, und sei es auch nur aus praktischen Motiven, weil den liebenswerten Veranstaltern der Schlüssel zu einem Saal abhanden gekommen war.

Eigentlich sollten wir getrennt auftreten. Er in einem Konzert mit seinen Liedern, die er im Haftlager geschrieben hatte, und ich parallel mit einer Lesung aus dem neuen Buch. Was ja auch ganz normal war, denn das eine war Musik und das andere Literatur, und was die Kulturtradition geschieden hatte, das soll der Mensch nicht einen. Diese ordentliche Trennung war aber nun in Unordnung geraten, weil irgendjemand einen der Saalschlüssel auf die spontane Rucksack-Tour nach Marokko mitgenommen oder in seiner Wohngemeinschaft verschlampt hatte. Nun standen wir dumm da mit dem Vorschlag der Veranstalter, doch bitte einfach unsere beiden Auftritte zu kürzen und hintereinander im selben Saal aufzutreten.

Kürzen? Was für eine unglaublich unsinnige Idee! Jeder weiß, dass junge Künstler sich niemals kurz fassen können, weil sie triebgesteuert dazu gezwungen sind, ihrem Publikum ganz und gar alles um die Ohren zu schlagen, was sie zu sagen haben — was man vor allem bei Musikern daran merkt, dass sie unvermutet verlangte Zugaben mit der Wiederholung eines Stücks gestalten, notgedrungen, da sie ja schon ihr gesamtes Repertoire runtergespielt haben. Und schlimmer noch: jeder muss doch wissen, dass politische junge Autoren oder Musiker den Begriff „Kürzung“ überhaupt nicht kennen, sondern einzig und allein den niederträchtigen, in Unterdrückerhirnen geborenen Begriff „Zensur“! Kurzum: den Vorschlag, uns aus dem Fenster zu stürzen oder uns selbst ins nächstliegende Gefängnis einzuweisen, hätten wir als wesentlich erwägenswerter angesehen.

Wir brauchten aber nur ein paar Sekunden, um auf eine bessere Idee zu kommen: zurück zu den Wurzeln — zurück zu der antiken Verbindung zwischen Literatur und Musik! Wir schlugen den Veranstaltern also vor, unkompliziert Veselys Konzert und meine Lesung zusammen zu werfen und in einem Aufwasch zu erledigen. Lesung mit Konzert, oder Konzert & Lesung. Oder Konzert-Lesung. Vielleicht Konzertlesung. Oder so.

Womit es uns allerdings nur gelang, das organisatorische Problem des Veranstalters in ein künstlerisches Problem für uns zu verwandeln. Und folglich noch dümmer dazustehen als zuvor. Es blieb keine Zeit, uns ausgefeilte Konzepte zurecht zu legen oder analytische Diskussionen über das Zusammenwirken von Literatur und Musik zu führen, aber wir hatten offenbar schon nach wenigen Minuten unserer persönlichen Bekanntschaft eine Art von instinktivem Einverständnis darüber gefunden, wie wir über den alten Zusammenhang von Literatur und Musik dachten. Es sind ja nur zwei verschiedene Sprachen, die in zwei unterschiedlichen Klängen über dieselbe Sache berichten, sich gegenseitig bestärken oder einander differenziert ergänzen und notfalls widersprechen können. Das ist schon alles und sollte kein Problem sein für einen Musiker und einen Schriftsteller, die aufeinander treffen und gemeinsam einen Auftritt bewältigen wollen.

Es wäre aber nett, wenn die beiden sich und natürlich auch ihre Werke ein wenig kennen würden. Dummerweise hatte ich nur wenig Ahnung von den Liedern, die Vesely geschrieben hatte, und er überhaupt keine von den Texten aus dem neuen Buch. Und beide hatten wir keine Zeit, uns ausführlich etwas zu erzählen oder uns Texte oder Lieder vorzusingen oder zu lesen. Nicht zu vergessen, dass er seine profunde Distanz zu allen Angelegenheiten der deutschen Sprache noch nicht abgelegt hatte und deshalb später auf der Bühne nicht in der Lage sein würde, zu unterscheiden, ob ich gerade ein vergiftetes Gedicht über den Militarismus vorlas oder eines über das Liebesleben seiner Mutter. Folglich mussten wir uns unter Zeitdruck etwas einfallen lassen.

Und dann war da noch das Publikum, dem es nicht viel besser gehen würde als uns. Es würde gleich mit drei verschiedenen Sprachen zu tun bekommen, erstens mit der Musik, die ein wenig anders war als gewohnt und somit fremd, dann mit der deutschen und auch noch, oh je, mit der spanischen Sprache.

Das war etwas zu viel, denn zu jener Zeit war Spanisch in Deutschland nicht viel populärer als Suaheli, Urdu oder Inuit. Spanischunterricht an den Schulen gab es noch nicht, die sprachbildende Ausstattung im Westen begrenzte sich auf die Antike mit Latein und Altgriechisch oder auf die Moderne mit Englisch und Französisch. Spanisch war nicht vorhanden, es sei denn in den Köpfen jener älteren Leute, die zu einem ganz kleinen Teil im spanischen Bürgerkrieg auf der Seite der Republik, oder zum größeren Teil auf der Seite von Hitlers „Legion Condor“ gekämpft hatten. Oder von ein paar Wenigen, die wie ich durch die beruflichen Zufälle ihrer Eltern in spanischsprachigen Ländern aufgewachsen waren. Also musste übersetzt werden.

Doch Übersetzungen auf der Bühne sind, wie jeder weiß, für eine Veranstaltung dasselbe wie Süßwasser für

Meeresbewohner, also kein Habitat, in dem man sich wohl fühlen und neugierig oder sogar genießerisch herumschwimmen konnte, sondern eine lästige, zuweilen sogar lebensbedrohliche Störung. Zur Vernichtung eines guten Liedes braucht man manchmal keine Verbote oder Zensoren, sondern nur wohlmeinende Übersetzer.

Wir hatten eine halbe Stunde, um all diese Probleme zu bewältigen. Oder wenigstens den Anschein zu erwecken, als hätten wir sie bewältigt, denn auf einer Bühne ist es oft nur der Anschein von Kunst, der zählt, nicht die Kunst selbst. Erst lösten wir mit ein paar kurzen Worten das Problem, dass Musik nicht zur Dekoration der Literatur gedacht war und es folglich keinen Sinn machen würde, wenn Vesely meine Gedichte und Kurzgeschichten mit den üblichen, vom Text getrennten Pausenfüllern begleiten sollte, die man aus den „Autorenlesungen mit musikalischer Begleitung“ kennt. Das ging schnell, denn über die Verwandtschaft von Literatur und Musik waren wir uns offenbar von Geburt an einig und mussten nicht umständlich darüber diskutieren, ob das eine nur zur Aufhübschung des anderen auf der Welt war, so wie Harfenistinnen, beethovenlockige Pianisten oder Gummibäume auf der Bühne.

Wir verständigten uns sofort darauf, dass er von der ersten bis zur letzten Minute durchspielen und jeden einzelnen Text entweder ergänzen oder musikalisch konterkarieren würde. Da er aber die Sprache nicht verstand, würde er sich auf sein Gefühl verlassen müssen und vor allem auf die Art, wie ich die Texte vortrug. —

Das war jedoch viel verlangt, denn in romanischen Ländern werden Texte viel emphatischer vorgetragen, als wir knochentrockenen Germanen es je könnten. Wir denken entweder philosophisch oder schwärmerisch. Leidenschaft können wir nicht — außer wenn wir sie mit einem durchorganisierten Vernichtungswillen artikulieren.

Also gab ich Vesely einen miniaturisierten Kurs über die Klänge unserer Sprache, der vor allem in der Erläuterung bestand, dass wir im Gegensatz zu unseren romanischen Verwandten nicht mehr wirklich melodisch differenziert artikulieren können, sondern fast nur noch den Wechsel zwischen laut und leise, zwischen schnell und langsam beherrschen — samt der Bitte, in solchen Fällen ganz nach seinem Gefühl zu entscheiden, ob er die Wechsel der Lautstärke musikalisch deuten sollte als Parodie oder als Kampfansage und das an- und abschwellende Tempo entweder als Melancholie oder als Nachdenklichkeit.

Schon etwas schwieriger war es, seine Lieder an den richtigen Stellen einzubauen. Wir lösten das Problem nach der Art chilenischer Mechaniker, also mit Improvisationskunst und der richtigen Mischung aus Selbstvertrauen und Fatalismus: ein Auto muss fahren können, egal wie, und wenn es die Atacama durchqueren soll, dann ist es nur wichtig, dass seine Passagiere auf der anderen Seite heil ankommen. Aber es ist unwichtig, ob in seinen Reifen ein korrekter Luftdruck wohnt oder eine Mischung aus Lumpen und gepresster

Schafswolle, ob die Kühlwasserschläuche in Wahrheit Gartenschläuche sind und ob das Getriebeöl den Herstellerangaben entspricht oder notgedrungen ersetzt wurde durch eine Mischung aus Altöl, zerstampften Bananen, Sonnencreme und Fettabfällen aus der Küche. Weil man sich überhaupt nicht um das Seelenleben eines teutonischen TÜV-Gutachters scheren und stattdessen jedes beliebige Mittel einsetzen sollte, um die andere Seite der Wüste zu erreichen.

Vesely hatte einen Haufen von Zetteln in allen Größen und Formen dabei, auf denen er die Texte seiner Lieder notiert hatte. Wir sortierten eine Reihenfolge nach Themen, die zu den Texten des Buches passen und gemeinsam mit ihnen so etwas wie eine Erzählstruktur oder eine logische Linie bilden konnten — also einen Roten Faden, der aus dem gesamten Auftritt so etwas wie eine durchgehende Geschichte machen konnte und damit mehr war als nur eine Zusammenwürfelei von diversen Texten und Liedern. Grundsätzlich war das eine gute Idee, wenn man davon absah, dass keiner der beiden Beteiligten die ganze Geschichte kannte, die man erzählen sollte. Es steckte auch nicht wirklich sehr viel Neues darin — nichts Neues für einen Musiker, der ein Konzert nach den Kriterien einer Musikfolge zusammenbaut und auch nichts Neues für einen Autor, der sich Gedanken über die Statik einer Lesung macht.

Neu daran war aber vielleicht, dass wir ernsthaft gleichberechtigt zusammen arbeiten wollten und dass wir uns auf die Kunst der Improvisation verließen — nämlich darauf, mangels Gelegenheit kein feststehendes „Programm" entwerfen zu wollen, sondern eine aus der Atmosphäre des Augenblicks geborene Improvisation, die an eine Zeit und an einen Ort gebunden war und die wir später in einer anderen Stadt nicht identisch wiederholen konnten.

Noten hatte Vesely nicht, aber das hätte auch wenig Sinn gemacht, da ich keine Noten lesen konnte — und er auch nicht. Aber er sang mir ein oder zwei Strophen vor, wenn er Bedenken hatte, ob die gewählte Reihenfolge auch musikalisch einen Sinn machen konnte. Zuletzt mussten wir in ganz kurzer Zeit das elende Problem der Übersetzung lösen. So schnell ich nur konnte, schrieb ich seine Lieder ab in der Hoffnung, dass mir auf der Bühne schon eine akzeptable Übersetzung einfallen würde (was, liebe Leserinnen und Leser, ganz eindeutig in die Kategorie „bitte nicht nachmachen" fällt!). Für einige zentrale Lieder schrieb ich, so lange noch Zeit war, eine Übersetzung der zwei wichtigsten Strophen auf. — Und für die anderen, für die keine Zeit mehr blieb, vereinbarten wir, dass Vesely mir jeweils vor einem Lied unauffällig seinen Zettel zuschieben, ich ihn frei übersetzen und ihm dann wiederum unauffällig zurückschieben würde, damit er sein Lied singen konnte.

Die letzte Hürde war die Frage, an welchen Stellen er von der kommentierenden Begleitung in seine eigenen Lieder umsteigen sollte — wie sollte er seinen Einsatz finden, wenn er doch keinen Hauch der Sprache verstand? Wir lösten auch dieses Problem auf ganz unkünstlerische Weise, nämlich pragmatisch: den ganzen Wust der deutschen Sprache, egal ob sie aus dem neuen Buch kam oder von den Übersetzungen seiner Lieder, sollte ich leicht vornübergebeugt über einen kleinen Tisch erledigen, auf dem das neue Buch und die Zettel mit unseren Notizen lagen. Und wenn ich mich zurücklehnte, war das sein Zeichen und er dran mit einem Lied.

Für all das hatten wir etwa 30 Minuten. Das ist lächerlich wenig für eine gemeinsame Vorbereitung einander fremder Künstler. Heute würde ich solche Arbeitsbedingungen strikt ablehnen und in ihnen einen destruktiven Mangel an Professionalität sehen, der sich ebenso gegen die beteiligten Künstler richtet wie gegen das Publikum. — Damals hat es trotzdem funktioniert, aber es hat nicht deshalb funktioniert, weil man sich auf der Bühne jeden unvorbereiteten Unsinn erlauben darf, sondern nur deshalb, weil zufällig zwei Menschen zusammenarbeiten mussten, die zwar sehr unterschiedlich waren, aber gegen alle Widerstände ein telepathisches Einverständnis in allen Angelegenheiten der Kunst mitgebracht hatten.

Der Auftritt dauerte zweieinhalb Stunden. Eine Pause hatten wir nicht vorgesehen und uns auch keine Gedanken über die Leidensfähigkeit des Publikums gemacht, obwohl wir längliche Opern verabscheuten und als Zuhörer niemals länger in einem Saal bleiben würden als unbedingt nötig. Aber es ging ja auch nicht um unseren Auftritt, sondern um die Botschaften, die wir vermitteln wollten. Es gab viel zu sagen über politische Verfolgung, über Gefangenschaft, über Folter und Mord, über die Verweigerung der Menschenrechte. Außerdem waren wir gnadenlos wie künstlerische Raubtiere und hörten erst auf, als uns die Texte und die Lieder ausgingen.

Merkwürdigerweise hatte niemand den Saal verlassen und niemand war eingeschlafen. Und noch merkwürdiger war es, dass trotz der fast wagnerianischen Tortur alle sitzen blieben und mit offenen Gesichtern und Augen auf die Diskussion mit dem Publikum warteten, die damals für alle „irgendwie politischen" Veranstaltungen verpflichtend war.

Eigentlich waren wir erledigt und wünschten uns nichts so sehr wie ein bequemes Bett, die Sympathie einer Blondine und ein paar Flaschen französischen Rotweines, aber wir konnten nicht einfach davonlaufen. Die Diskussion dauerte noch einmal weitere zweieinhalb Stunden und führte direkt zur Gründung einer neuen Gruppe von Amnesty International.

Irgendwann weit nach Mitternacht verließen wir das Gebäude. Wir rauchten draußen im Regen ein paar Zigaretten und versuchten, uns darüber klar zu werden, was in den vergangenen fünf Stunden eigentlich geschehen war. Wir waren viel zu müde, um irgendeine großspurige künstlerische Theorie zu entwickeln, aber es war uns klar, dass in diesen Stunden etwas geschehen war.

Wir hatten, ganz ohne Plan und entgegen aller Hindernisse eine uralte Tradition der Verbindung von Literatur und Musik wieder entdeckt — aus Versehen.

Und diese Verbindung hatte funktioniert, ganz instinktiv, obwohl er meine Sprache nicht verstand und ich seine Musik nicht kannte. Wir hatten keine Ahnung, warum es funktioniert hatte. Aber wir waren neugierig darauf. Also machten wir es uns leicht und beschlossen, nicht lange und umständlich im Ehinger Regen herum zu grübeln, sondern einfach öfter gemeinsam aufzutreten — und zwar mindestens so lange, bis wir herausfinden würden, was eigentlich genau passiert, wenn wir ein Konzert und eine Lesung zusammenwerfen.

Bis heute haben wir es noch nicht heraus gefunden. Noch nicht ganz genau. Deshalb machen wir einfach weiter.

Urs M. Fiechtner

Die Poesie vielleicht

Einen Zauberkreis ziehen
um einen Vogel im Flug

Wissend, dass die Zeit ein Strom ist
uferlos
der träumt, innehalten zu können

Träumend, dass der Strom es wert sei
betrachtet
angehalten zu werden für einen Augenblick

Fühlend, dass der Augenblick wertlos ist
ohne das Wasser, das ihn trägt

Gehalten, in der Zeit die Zeiten zu sehen
und jeden einzelnen Tropfen im Fluss

Spürend, dass wir Einzelne sind
unendlich einsam und doch verflochten
mit allem, uferlos, niemals allein

Ahnend, dass hinter den Dingen
noch etwas anderes ist, eine Begleitung
unantastbar, die Liebe vielleicht

Verpflichtet, den Schmerzen Namen
zu geben und Stimme, der Wahrheit
einen Felsen zu schaffen im Fluss

Wissend, dass in den Händen der Träumer
die Träume blutleer werden und kalt

einen Zauberkreis ziehen
um einen Vogel im Flug.

Und ihn beschützen
vor den Netzen der Jäger.

Sergio Vesely

¡Trova, Trovador!

Singe, Sänger!

Singe, Sänger, singe
in dieser kalten Nacht
weil der Vers
der Kraft in deine Lieder bringt
dem Tag ein neues Leben schenkt:
Singe, Sänger, singe!

Besinge das Erwachen der Blume
besinge den Triumph des Lebens
weil das Wunder
das dem Schmerz entspringt
dem Tag ein neues Leben schenkt:
Singe, Sänger, singe!

Gib der Wahrheit Stimme
und der Dichtung Liebe
weil es Menschen gibt, die dich erwarten
wenn sich der neue Tag erhebt
und dann —
Singe, Sänger, singe!

Urs M. Fiechtner

Über Kraken und verlegte Verleger

Nach altem Verständnis gibt es im Leben eines schreibenden Menschen keine wichtigere Person als die seines Verlegers. Er ist sein Megaphon, sein Türöffner in die Welt, sein entscheidendes Glied in der Verbindungskette zwischen Innen und Außen, manchmal sogar sein Mentor und bester Freund, gelegentlich aber auch sein Gefängnisdirektor und schlimmster Feind. Jedenfalls sehen Feuilletonisten und Biographen das so, und diese liegen ja nicht immer nur deshalb vollkommen falsch, weil sie sich vorsichtshalber darauf beschränken, kulturelle Kommentatoren zu sein.

In der Wirklichkeit sind Verleger ebenso schwer zu beschreiben wie Schriftsteller und Schriftstellerinnen. Beide haben gemeinsam, dass es kein Bild gibt, welches die eine oder die andere Berufsgruppe zuverlässig beschreiben könnte. Außerdem haben sie gemeinsam, dass beide Berufe Individualisten anziehen, die sehr unterschiedliche Motive für ihr Tun haben können. Einige wollen nur Geschichten erzählen. Andere wollen nur Geld verdienen. Manche haben eine „Sache" im Blick, ein Lebensthema, eine mehr oder weniger klare Botschaft. Wieder andere haben so etwas wie eine unklare Berufung, die sie selbst nicht ganz genau verstehen und daher auch nicht erklären können, während ihre Familien sich Sorgen machen um ihren Verstand, ihre genetische Überlebensausrüstung und die offensichtliche Unvernunft ihrer Lebensplanung.

Im besten Fall führen solche Gemeinsamkeiten zu Symbiosen zwischen Verlegern und Autoren. Jedoch nur zu solchen, die von der Evolution auch vorgesehen sind: sie funktionieren nur dann, wenn beide einen handfesten Vorteil davon haben oder sich zumindest einen Vorteil einbilden können — und sei es auch nur den der Freundschaft. Um die Qualität von Literatur geht es dabei jedoch nicht immer. Und leider auch nur selten um Botschaft oder Berufung, sondern um die bösartigen Regeln der schieren Ökonomie.

Der erste Verleger, den ich kennen lernen durfte, war allerdings ein überaus freundlicher Vertreter der schieren Ökonomie. Er hatte ein klares, fest umrissenes Berufsziel — in seinen Worten: *ganz einfach Millionär!* — und war ein Anhänger der Ideen Milton Friedmans und seiner „Chicago Boys", was ungefähr den Leuten entspricht, die man heute neoliberale Heuschrecken nennen würde. Seine Garagen-Firma in den 70ern bot Service für Rechner an, und zwar für die Sorte, die damals noch mit den großen runden Magnetbändern lief und in Kleiderschrankumfängen ungefähr dieselbe Leistung boten, die sich heute auf wenigen Quadratmillimetern in einem gewöhnlichen Smartphone finden lässt. Für diese revolutionäre Technologie brauchte es unglaublich umfängliche Handbücher, die man auf Papier ausdrucken musste, weil sie umfänglicher waren als der Speicherplatz eines Kleiderschrankes. Und er war ihr Verleger.

Aber er, der eingeschworene Kapitalist, der eigentlich nichts anderes wollte, als eben reich zu werden, dachte auch in strategischen Dimensionen. Für ihn war der Kalte Krieg eine unheimliche Angelegenheit, von der niemand wusste, in welche Richtung seine Winde sich eines Tages drehen würden. Die Studentenrebellion von 1968 hatte noch eins drauf gesetzt und vergrößerte die Unsicherheit der „herrschenden Klasse", zu der er eines Tages gehören wollte, mit ihrer Parole vom langen Marsch durch die Institutionen: das klang bedrohlicher als die Rufe randalierender Demonstranten — es klang nach einer Strategie des Umsturzes aus dem Inneren des Systems. Er hatte daher eine gewisse Sorge um seine Zukunft als Millionär und fand, dass es nicht nur ökonomisch sinnvoll sei, viel Geld in die Fabrikation von Computerliteratur zu stecken, sondern nebenher auch systemisch sinnvoll, ein ideelles Kapital aufzubauen, das ihn eines Tages absichern würde, wenn die revolutionären Winde sich gegen ihn drehen sollten. — Eine Art Versicherung gegen die jakobinische Gewohnheit, sich seiner Gegner auch körperlich zu entledigen.

Deshalb gab er seinem Gebrauchsanweisungsverlag noch eine zweite Sparte, in der es um sogenannte „junge" und „alternative" Literatur gehen sollte. Beide Begriffe standen damals im Westen synonym für alles, was neu und gesellschaftsverändernd und rebellisch und links war, und von solchen Kontakten und Meriten erhoffte er sich Fürsprecher für den Fall, dass der Wind ihn eines Tages auf eine Guillotine blasen, unter eine Straßenlaterne hängen oder an die Wand eines bolschewistischen Erschießungskommandos stellen würde. Ganz ähnlich wie ein Geheimdienst, der seine Geschäfte über eine unverdächtige Adresse abwickelt oder wie eine Mafia, die zur Geldwäsche nebenher eine legale Pizzeria betreibt, suchte er nach jungen, alternativen und irgendwie linken Autoren, die seinem Betrieb ein zeitgemäßes Image geben und sein verdächtiges Berufsziel *Millionär* tarnen würden.

Zu Beginn unserer Bekanntschaft wusste ich nichts davon — er erzählte mir das alles erst Jahre später — was ein wenig schade ist, denn ich hätte ihn beruhigen können. Die Zeiten damals waren zwar wild, aber auf den Straßen Deutschlands waren nur wenige unterwegs, die eine Wiederholung der französischen oder der Oktoberrevolution angestrebt hätten, dafür aber sehr viele, die von dem autoritärem Staatsgehabe der Nachkriegsjahre einfach nur die Schnauze gestrichen voll hatten. Davon abgesehen, hätte ich ihm ganz pragmatisch vorrechnen können, dass angesichts seiner majestätischen Körperfülle jede beliebige Straßenlaterne in die Knie gehen und jede Guillotine den Dienst quittieren würde. Zumindest mit diesem Argument wäre ich bei ihm durchgedrungen, denn er war sich seiner in der Breite beeindruckenden Statur bewusst und bestieg seinen viel zu engen Sportwagen selten ohne die selbstironische

Bemerkung, dass sich der Wagen *gleich nach links neigen wird, aber bestimmt nicht politisch!*

Seine Körperfülle und seine Neigung, die Arme nach allem auszustrecken, was ihm Profit versprach, brachte ihm den Beinamen *El Pulpo* ein, was in der spanische Sprache „Der Krake“ bedeutet. Zu stören schien es ihn nicht, schon bald nannte er sich selbst so. Kraken sind schließlich sehr intelligente und erfolgreiche Jäger, und genau das wollte er ja sein.

Wir lernten uns zunächst aus der Distanz kennen, weil er eine alternative Literaturzeitschrift ins Leben gerufen hatte, die in Buchform erscheinen sollte. Als Köder lobte er einen Literaturpreis aus, der darin bestehen sollte, dass die prämiierten Autoren veröffentlicht werden würden. Ohne Honorar, versteht sich. Für mich war das ein gutes Angebot, denn ich hatte Anfang der 70er als blutjunger Anfänger nur ein paar Texte in Stadt- oder Jugendzeitungen unterbringen können und war zudem ein grauenhaft schlechter Manager meiner selbst. Also tat ich längst nicht das, was junge Autoren tun müssen, nämlich 90 Prozent ihrer Arbeitskraft in die eigene Vermarktung zu stecken und mit den verbleibenden zehn Prozent mühsam mit ihren Musen zu verhandeln. Bei mir war es eher umgekehrt. Ich brauchte sehr viel Zeit für meine Musen, besonders für die blonden. Die Reste meiner Zeit brauchte ich fürs Schreiben und war danach unfähig, mich auch noch um Veröffentlichungen zu kümmern. Genauer formuliert: ich konnte zwar sehr fleißig sein, wenn es um Texte ging, aber auch absurd faul, sobald diese Texte den Auftrag hatten, meinen Schreibtisch zu verlassen und einen Weg hinaus in die Welt zu finden.

Der überschaubare Wettbewerb eines obskuren kleinen Verlegers aus Tübingen kam meiner geschäftsmäßigen Faulheit sehr entgegen. Ich reichte einige Texte ein, die wohl irgendwie in die Kategorien „jung", „alternativ" und „links" eingeordnet werden konnten und die auch prompt komplett mit einer Veröffentlichung „prämiiert" wurden — aber vermutlich nur, weil sich außer mir kein anderer an diesem Wettbewerb beteiligt hatte.

In den Augen von *El Pulpo* war ich damit jedoch schon eine vielversprechende Verbindung zur Subkultur der irgendwie jungen und irgendwie alternativen Leute. Plötzlich war meine Arbeit „interessant", zumindest für diesen einen Verleger. Diesen Umstand nutzte ich aus, ganz entgegen meiner nativen Geschäftsuntüchtigkeit, und redete ihm ein, dass es eine gute Idee wäre, eine politische Buchreihe zugunsten von Amnesty International zu machen, also für eine Menschenrechtsorganisation.

Das gefiel ihm. Menschenrechtsorganisationen waren damals, mitten im Kalten Krieg, hüben wie drüben heftig umstritten und hatten somit etwas rebellisches an sich, das fast schon „links" war. Und sie hatten außerdem etwas gegen Guillotinen und Lynchjustiz, was den strategischen Interessen *El Pulpos* sehr entgegen kam. Allerdings war ihm dies als Ansporn auch schon genug. Er ließ den Anfang meiner Buchreihe, die sich

„Schriften für Amnesty International“ nannte und die kein anderes Thema hatte, als aktuelle Menschenrechtsprobleme mit literarischen Mitteln aufzugreifen, ungefähr mit derselben Unberührtheit zu wie der eines Bahnbeamten, der die richtigen Weichen stellt, ganz egal, worum es sich bei der Fracht handeln würde.

Die Buchreihe erreichte immerhin acht Titel, fast ohne das Zutun ihres Verlegers. So etwas wie Marketing war nicht vorgesehen, denn das hätte Geld gekostet. *El Pulpo* verließ sich auf die älteste Form aller Werbung — also die von Mund zu Mund — und auf die einfache Rechnung, dass junge Autoren mit ihren ersten Büchern sowieso freiwillig hausieren gehen und dem Verlag die Mühe der Verkaufsarbeit abnehmen würden. Das hatte er durchaus fein beobachtet: beides, die Propaganda von Mund zu Mund und unzählige Lesungen obendrein sorgten tatsächlich dafür, dass er bald von fast jedem Buch eine Auflage nach der anderen nachschieben durfte. Seine literarischen oder inhaltlichen Interessen hielten sich dabei in Grenzen: *El Pulpo* las die Manuskripte angeblich nicht, es sei denn nach der Veröffentlichung *in ruhigen Minuten auf dem Klo,* wie er es gerne mit einem kleinen streitlustigen Grinsen formulierte. So richtig geglaubt habe ich ihm diese demonstrative Nonchalance nicht, aber der Inhalt seiner Buchreihe für die damals noch junge, aber schon größte Menschenrechtsbewegung der Welt war ihm scheinbar wirklich egal, so lange ein wenig Gutmenschentum auf seine Firma abfärbte und die Bücher sich gut verkauften — wobei ich zugeben muss, niemals herausgefunden zu haben, welches der beiden Kriterien für ihn das wichtigere war.

Anfang der 80er Jahre machte einer seiner Hilfskräfte eine kleine Erbschaft, die er dazu nutzte, *El Pulpo* den belletristischen und somit „politischen" Teil des Verlags abzukaufen. Der Krake war einverstanden, sei es, weil er sich mittlerweile nicht mehr so bedroht fühlte von seiner imaginären Weltrevolution, oder weil seine geldgreifenden Instinkte ihm sagten, dass die Anfangserfolge solch einer Buchreihe nicht ewig anhalten würden.

Es war mein erster versehentlicher Verlagswechsel, der allerdings erst einmal fast nur ein Namenswechsel war — ich durfte weitermachen wie zuvor und mit zwei, manchmal sogar vier Büchern pro Jahr vorstellig werden, ohne dass es langatmige Diskussionen über Formen oder Inhalte gegeben hätte. Es war die Beste aller Welten für einen jungen Autor: Jemand schreibt etwas, jemand druckt es ohne lange Diskussion, jemand kauft es. Und alle sind glücklich.

Nur: die besten aller Welten sind bekanntlich kurzlebig und brechen ganz schnell zusammen, wenn jemand anfängt, Fragen zu stellen. In diesem Fall waren dies einige harmlose Fragen über den Umgang mit den Einnahmen — man muss ja im Leben erst einmal lernen, dass Fragen nach Geld in dieser Welt niemals harmlos sind.

Ich hatte es für selbstverständlich gehalten, dass Bücher über politisch Verfolgte, über Menschenrechtsverletzungen, über den Widerstand gegen die herrschenden Verhältnisse keine Produkte sind, an denen sich irgendjemand bereichern durfte — auch nicht die Autoren. Die Einnahmen aus meinen Bücher und aus denen, die ich gemeinsam mit anderen Autoren, mit ehemaligen politischen Gefangenen und mit Leuten von Amnesty International geschrieben hatte, sollten dem Kampf gegen Menschenrechtsverletzungen zufließen, genauer gesagt: sie sollten direkt an Amnesty International gehen oder an Selbsthilfeorganisationen wie zum Beispiel die argentinischen „Großmütter der Plaza de Mayo", die für die Rückgabe ihrer in Konzentrationslagern und Verhörzentren geborenen Enkelkinder kämpfen. Gelebt habe ich von Nebenjobs und von Lesungen, nicht von den Büchern. Das war nur selbstverständlich, es war zudem logisch und es war vor allem *gut gemeint* — was bekanntlich das Gegenteil von *gut* ist. Für mich war es aber derart logisch, dass ich nie auf den Gedanken kam, Fragen nach dem Verbleib der Autoren- oder Herausgeber-Honorare zu stellen. Zu Zeiten *El Pulpos* war das auch nicht notwendig, er wies freiwillig alles nach. Wegen der Guillotine.

Nach dem Verlagswechsel habe ich dann aber doch gefragt, ganz nebenbei und einfach nur, um zu erfahren, ob alles so weitergehen würde wie bisher. Von meinem neuen Verleger, einem recht lässigen Typen meines Alters, bekam ich eine durchaus befriedigende Antwort: *Ey, Mann, mach' Dich nicht krank, ist alles cool...!*

Ich fürchte nur, dass er mit genau dieser Antwort alle bedacht hat, die ihn nach seinen Finanzen fragten.

Aber nicht alle befriedigt. Zum Beispiel die Druckerei. Den Vermieter. Oder das Finanzamt. Nun mag es sicherlich irgendwo auf der Welt Finanzbeamte geben, die sich *nicht krank machen* und alles *cool* finden. Vielleicht in Guyana, Guatemala oder Griechenland. Doch gewisslich nimmer in Germania.

Was dann mit ihm geschah, weiß ich bis heute nicht. Irgendwann war er jedenfalls nicht mehr da, der Verlag auch nicht. Nur das Gerücht, sein Finanzamt hätte irgendetwas *nicht so cool* gefunden.

Inzwischen gab es aber schon 14 Bücher, die ich als Autor, Übersetzer oder Herausgeber gemacht hatte und die zwar nicht immer die Aufmerksamkeit eines geneigten Publikums erregt hatten, aber doch die anderer Verleger. Die Reihe der interessanten Typen wurde immer länger.

Helmut Lotz zum Beispiel, der sich schon kurz nach der Gründung seiner *Edition diá* mit Sergio Vesely und mir und mehreren Flaschen Rotwein auf den Boden seines Wohnzimmers setzte, wo er dann wie ein empathischer Römer lauthals Verse aus unserem „Gesang für América“ rezitierte. Auswendig! Und dabei begeistert mit der Hand den Rhythmus auf den Boden schlug. Oder Jo Hauberg und Thies Ziemke, die mit dem Neuer Malik Verlag die Literatur der Arbeiterklasse wiederaufleben lassen wollten und klugerweise erkannten, dass auch der Poetarier ein Proletarier ist. Obwohl Großväterchen Marx sich das verbeten hätte, weil er die Bohème für einen Teil des Lumpenproletariates hielt, also für unzuverlässiges Gesindel, dem man nicht trauen kann — weshalb ich manchmal behaupte, dass es auch heute noch in Deutschland jede Menge Marxisten gibt...

Dann kam der unvergessliche Hans Frevert, der mir einen Auftrag gab, der mich gewaltig verwirrte und der zu einer scheinbar ganz anderen Sorte von Büchern führen würde. Aber nur scheinbar. Sein Signal-Verlag war einer von denen, die so etwas wie eine literarische und thematische Berufung spüren und Qualität ebenso anbieten wollen wie sperrige Themen. Allein — es war ein Verlag für Jugendbücher! Das war ein Problem. Als Leseratte wusste ich, dass die Welt keine Jugendbücher braucht, sondern Bücher. Kinderbücher gerne auch. Aber sonst nur Bücher, am besten gute Bücher, aber bestimmt keine, die aus merkantilen oder pädagogischen Gründen auf eine Zielgruppe zugeschnitten wurden und keine, die mir nach dem Munde geschrieben sind oder aus deren Seiten ein moralischer Zeigefinger emporschießt, um in meiner Nase zu bohren. Ganz bestimmt auch keine, die mich unterfordern mit verflachten Inhalten oder sich einschleimen mit der Behauptung, so zu denken und zu reden wie ich.

Und als Autor wusste ich, dass nichts einen Text so schnell zerstören kann wie der implizite Leser, also das ständige Nachdenken über die mutmaßliche Befindlichkeit des putativen Publikums. Wir taugen nichts, wenn wir die Welt nicht so beschreiben, wie wir sie sehen, sondern wie andere sie beschrieben haben wollen. Es ist auch nicht unsere Aufgabe, unsere Texte glatt und schön und angepasst zu bügeln, damit sie in den Auslagen einer Fußgängerzone was hermachen. Und man sollte uns ganz schnell auf die Müllhalde der Geschichte werfen, wenn wir nichts eigenes, nichts unabhängiges mehr zu sagen haben als nur noch das, was Konsumenten konsumieren wollen. Basta.

Kurzum: ich hatte ein großes Problem. Ich sollte ein Jugendbuch schreiben, obwohl ich Jugendbücher verabscheue. Es sollte jedoch eines über Menschenrechte sein, was ich wiederum unbedingt wollte. Und es kam noch dazu, dass ich vor lauter Abscheu niemals gelernt hatte, was ein Jugendbuch genau ist und nach welchen Regeln es funktioniert. Also tat ich das nächstliegende und besorgte mir einige Jugendbücher, um sie zu studieren. Doch ach, das Studium währte nur kurz. Bei einigen Büchern kam ich über die ersten Seiten nicht hinaus, weil sie alle meine Vorurteile bestätigten. Eines warf ich schon nach zwei Seiten angeekelt aus dem Fenster, weil der Autor, den ich mir als alten Mann im Oberstudiendirektor-Outfit vorstellte, sich derart aufdringlich im usurpierten Jugendslang eyvollfettkrassmäßig an seine Leser ranschmiss, dass der Einband sich klebrig anfühlte. Andere las ich zu Ende und fragte mich, warum sie vorgaben, Jugendbücher zu sein. Ich war verwirrt.

Um einen Ausweg zu finden, säuberte ich mein Arbeitszimmer von allen Jugendbüchern, vergaß den Begriff, legte den Vertrag ununterschrieben beiseite (obwohl ich völlig pleite war) und ging für eine Weile allen Menschen unter 20 aus dem Weg. Dann setzte ich mich hin und schrieb Tag und Nacht eine Geschichte auf, die ich sowieso erzählen wollte, aber bei der ich bisher noch nicht herausgefunden hatte, wie ich sie erzählen konnte. Die Geschichte einer jungen Frau, die in die geheime politische Gefangenschaft geraten war. Die Geschichte einer „Verschwundenen". Erfahren hatte ich sie zuerst aus Aktenordnern mit wörtlich protokollierten Zeugenaussagen in gehobener, aber formloser spanischer Umgangssprache. Dann aus vielen Nachfragen per Post und Telefon und später aus sehr langen Gesprächen. Das gesamte Material hatte eines gemeinsam: es entsprang mündlichen Berichten in einer transparenten Sprache, die nicht in gedrechselten Formen oder mit literarischem Hintersinn einher kam, aber die auch nichts mit Verflachungen, künstlichen Vereinfachungen oder dergleichen zu tun hatte, sondern nur mit der nüchternen Weitergabe von Information. Das war es! Inhalt und Form müssen übereinstimmen, das lernen wir schon in der Schule und es ist eine der ältesten Weisheiten der Literatur überhaupt, aber ich kam erst wieder drauf, als ich den ganzen Jugendbuch-Quatsch aus meinem Kopf gestrichen hatte, wieder bei mir selbst war, ganz allein und ohne die störende Begleitung von impliziten Lesern, impliziten Verlegern oder impliziten Verträgen. Ganz allein mit meinem expliziten Interesse, die besten literarischen Wege für meine Themen zu finden, dabei im Hintergrund zu bleiben und trotzdem so oft wie möglich den Verstummten ihre Stimme zurück zu geben. Oder ihnen bescheiden meine zu leihen.

Nach einigen Monaten schickte ich das Manuskript an den Verlag mit einem zurückhaltenden Begleitbrief an Hans Frevert. Ich schrieb ihm mit der maximal möglichen Mischung aus Diplomatie und Ehrlichkeit, dass mir kein Jugendbuch gelungen sei, aber vielleicht eines, das für Jugendliche nicht unleserlich sein dürfte. Nur dass ich dafür nicht garantieren könne und ihm daher eigentlich von dem Buch abraten müsse. Deshalb hätte ich den Vertrag noch nicht unterschrieben und würde sein Urteil abwarten.

Nach einer Woche kam ein Anruf. Er sei *recht angetan*, sagte der Verleger. So fangen höfliche Absagen oder sehr umfängliche Veränderungswünsche an, weil in der Verlagswelt nach einem freundlichen Kompliment immer ein sehr fettes „aber“ kommt. Ich war davon nicht überrascht und fragte vorsichtig nach, ob ich viel umschreiben müsse, damit das Buch doch noch in sein Programm passt. *Das eher nicht*, antwortete er. Hab's ja gewusst, dachte ich, nur gut, dass ich den Vertrag nicht unterschrieben und keinen Vorschuss kassiert hatte, so ist das jetzt weniger peinlich. Aber der Satz ging noch weiter: *der Professor* — womit er seinen Lektor meinte — habe *vielmehr angedeutet*, dass er *mit diesem Manuskript keine Arbeit haben* würde.

Erst viel später erfuhr ich, dass Hans Frevert kein größeres Lob kannte als *recht angetan* und ich besser hätte zuhören sollen, wenn mein sanguinischer Kollege Sergio

Vesely in weisen Worten über die Begeisterungsfähigkeit „knochentrockener Germanen" philosophierte.

Jetzt hatte ich ein Jugendbuch, das kein Jugendbuch war, in einem Verlag, der nicht eben erst gegründet worden war und sogar ein bisschen Geld in die Werbung stecken konnte. „Annas Geschichte" wurde ein Bestseller, bekam einige Jugendbuchpreise (die ich mit einem Funken schlechten Gewissens annahm) und Hans Frevert erlaubte mir fortan eine ganze Menge Jugendbücher, die gar keine Jugendbücher waren. Was das aber tatsächlich für Bücher sein sollten, erfuhr ich erst Jahre später aus der Fachliteratur: es waren „All-Age-Bücher". Aha. Nun, manchmal muss einem Autor ja gesagt werden, was er da tut — auch wenn es in einem lächerlichen Marketing-Sprech (echt jetzt? auch für Säuglinge???) geschieht, das sich nur aus der Tatsache herauswinden will, dass kein Mensch Jugendbücher braucht.

Schade nur, dass Hans Frevert auch ein Weltreisender war, sich bei einer seiner Dschungel-Expeditionen einen Virus einfing und seinen Verlag aus gesundheitlichen Gründen auflöste. Und weil er vollkommen zu Recht viel zu stolz war, um ihn unter Wert zu verkaufen.

Jetzt gingen meine Bücher wieder auf Wanderschaft. Es waren kleine Verlage dabei, die mich bis heute begeistern, da ihre meist am Rande der Obdachlosigkeit operierenden Verleger/innen aus Überzeugung gute und inhaltsvolle Literatur machen wollen. Aber die auch kein Geld für die Bekanntmachung ihrer Bücher haben und notgedrungen weiterhin darauf hoffen müssen, dass die Mund-zu-Mund-Werbung alter Zeiten im Getriebe der Medien noch funktioniert, was sie in aller Regel nicht tut und deshalb den Kleinen Verlag auf alle Ewigkeit dazu verdonnert, ein solcher zu bleiben.

Es waren mittelgroße Verlage dabei, die mich immer wieder überrascht haben, weil sie blitzschnell verkauft wurden. Oder von einem größeren verschluckt, der daraufhin von einem noch größeren verschluckt wurde. Immer wieder bekam ich Briefe, in denen ich freudig als Autor eines Verlages oder Konzernes begrüßt wurde, den ich nicht freiwillig gewählt hatte.

Und es waren sehr große Verlage dabei, bei denen eines meiner Bücher zufällig gelandet war. Aber nicht durch meine Entscheidung. Und die sehr harsche Bedingungen stellten: entweder würde ein Buch ganz schnell, innerhalb weniger Monate seinen Weg zu den Konsumenten finden oder es würde sterben, das Lager geräumt und die Reste entweder verramscht werden wie unnützer Nippes auf einem Flohmarkt oder makuliert wie Altpapier. Und die fanden, dass wir Autoren gefälligst zu lernen haben, dass wir auf dem Markt keine Dichter sind, sondern Designer. Produktdesigner.

Die interessanten Typen wurden von nun an weniger. Es sei denn, man findet etwas interessantes an Managern und Marketing-Fuzzis. Bei Verlagskonferenzen gab es jetzt keinen Rotwein mehr und schon gar keine Gedichte. Allzu oft war ich der einzige schräge

Vogel unter einer Horde von seriösen Schlipsoten, die ebenso gut im Aufsichtsrat eines Automobilkonzerns hätten sitzen können und denen es vollständig gleichgültig war, ob sie Autos, Bücher oder Designer-Kloschüsseln produzierten. Und wenn mal einer reinschneite, der sich als *Kreativer* vorstellte und mich konsequent mit *Herr Kollege* anredete, dann war das immer nur der Werbetexter. — Der mir nach Überfliegen meines Buches in aller Regel noch einen kollegialen Rat fürs nächste Projekt mit auf den Weg gab: *Schreim' Se doch ma 'n Pferdebuch oder so!*

Solche Leute sind kein wirklich guter Umgang für Autoren. Auch deshalb nicht, weil sie an einem Buch wesentlich mehr verdienen als der Autor, der am Ende dankbar buckeln muss, wenn er maximal zehn Prozent vom Ladenverkaufspreis als Honorar bekommt. Aber keine Sorge, das restliche Geld ist nicht weg, es bekommen nur andere — weshalb mit der Zeit der Wunsch in mir wuchs, besagte andere wieder selbst aussuchen zu dürfen.

Dass Poeten qua Amt arm zu sein haben, ist spätestens seit Spitzweg allenthalben bekannt. Offensichtlich glauben Verleger ganz fest daran, weil in ihren Augen nur die gut organisierte Hungerhaltung angemessene Erträge erwirtschaftet. Folglich sind sie prinzipiell alle Schwaben oder haben zumindest schwäbische Hausfrauen in der Buchhaltung sitzen. Was wiederum zur Folge hat, dass im Lande der Dichter und Denker nur knappe fünf Prozent aller Autorinnen und Autoren von ihren Büchern leben können, also von ihrer eigentlichen Arbeit. Weshalb überraschend viele deutsche Dichter nebenbei Beamte sind. Das gibt zu denken.

In Südamerika glaubt mir das übrigens kein Schwein. Außer das mit den Beamten, versteht sich. Doch wenn ich einen skeptischen Latino bitte, mir mal zu schildern, was ihm unter deutscher Kultur als erstes einfällt, erklärt sich manches von selbst. Die Aufzählung ist nämlich fast immer dieselbe: Mercedes! Volkswagen! Beckenbauer! Salchicha (Wurst)! Hitler! (und kein Lama glaubt, dass der Österreicher war)! Pünktlichkeit! Ordnung! Sauberkeit...! Und das gibt auch zu denken.

Je mehr Bücher ich schrieb, desto schwerer konnte ich mich über Wasser halten. Schreiben kostet Zeit, die dann beim Geldverdienen fehlt. Erzählen kann ich aber auch auf anderen Wegen, etwa bei Lesungen und Konzertlesungen und Vorträgen und Seminaren, und dafür brauche ich keine Verleger, kann aber wenigstens das ganze Honorar behalten. Folglich hörte ich zwar mit dem Schreiben nicht auf, aber schränkte meinen Umgang mit Verlegern deutlich ein.

Und ich hörte ganz damit auf, Verlage für meine Lyrik zu suchen, obwohl das meines Pudels Kern ist. Es war aber nicht unklug, denn in Deutschland kann man sich sowieso nicht als Lyriker vorstellen, ohne sofort die Gegenfrage zu kassieren, wovon man denn lebt oder ob damit *Schlagertexter* gemeint ist. Das ist nicht gut für den Blutdruck und die geistige Gesundheit.

Folglich erschienen Ende der 90er Jahre meine letzten beiden Gedichtbände im kleinen, aber feinen Schmetterling-Verlag, dem ich damit vermutlich keinen Gefallen angetan habe. Der eine bestand aus einem einzigen langen „Lautlesegedicht“, das man buchstäblich laut lesen muss, um es zu verstehen, und das über den deutschen Literaturbetrieb und das Treiben des engagierten Dichters an sich und als solchem alles zusammenfasste, was es forensisch zu sagen gibt („Der Dichter“), der andere ist die zweisprachige Ausgabe des gemeinsam mit Sergio Vesely verübten, verrückten Unterfangens, in unseren Zeiten noch epische Lyrik zu veröffentlichen („Gesang für América“). Beide Bücher zusammen waren als eine Art Abschied aus dem lyrischen Literaturbetrieb gemeint. Trotzdem gibt es sie heute noch, sie wurden weder verramscht noch makuliert — was meine Zuneigung zu kleinen Verlagen bestätigt und meine Skepsis gegenüber Konzernen erklärt. Danach veröffentlichte ich Gedichte nur noch auf der Bühne oder in Anthologien von Kollegen, atmete durch und versuchte nie wieder, mit einem Verleger über Lyrik unter dem Aspekt ihres Marketings zu diskutieren.

Danach blieb es bei der Prosa, meist in Gestalt von fetten Lesebüchern, die gemeinsam mit meinem Kollegen Reiner Engelmann herausgegeben wurden und Beiträge von Autorinnen und Autoren aus allen Ecken und Enden der Welt enthielten. Einige von ihnen waren recht erfolgreich, sogar in den Augen der *Kollegen* von der Marketing-Abteilung, aber überlebten trotzdem nicht sonderlich lange.

Das jüngste verschwand sogar auf mysteriöse Weise irgendwo im Nirgendwo. Gemeinsam mit Engelmann und vielen anderen Autorinnen und Autoren hatten wir es zum 50. Geburtstag von Amnesty International geschrieben als ein sehr vielfältiges, abwechslungsreiches Lesebuch über Menschenrechte. Ein richtig gutes Buch, nur leider mal wieder eines in einem Verlag, der kurz darauf von einem größeren gekauft wurde. Wir bekamen den üblichen Brief, der uns in salbungsvollen Worten als Autoren eines Konzerns begrüßte. Sehr höfliche Leute. Aber auch sehr wortkarge, als wir nach dem Buch fragten. Das kannten sie gar nicht. Und wussten auch nichts über den Verbleib der restlichen Auflage. — In Deutschland, wo alles registriert und katalogisiert und verzeichnet und angemeldet ist und zweifelsohne jede einzelne Büroklammer ihre eigene Fahrgestellnummer hat, ausgerechnet dort verschlampt man hunderte von Büchern?

Das versteht nur ein brillanter Deutsch-Student wie mein Kollege Vesely, der von Anfang an vermutet hätte, woher das Wort Verleger wirklich kommt. Und der mir auch erklärt hat, warum hierzulande sogar täglich haufenweise Bücher „verlegt" werden: *Weil sie keine Würste sind.*

Seitdem mache ich keine Bücher mehr für Leute, die nur Geschäfte machen wollen. Stattdessen kehre ich zu den Wurzeln zurück und schaue mich wieder nach den interessanten Typen um, nach den unangepassten, den rebellischen, den wirklich kreativen. Nach denen, die noch Musik und Poesie in sich haben.

Und ich widerstehe der Versuchung, darüber nachzudenken, ob ich auf Metzger umsatteln sollte, um mich doch noch in das Land der Krämer und Banker zu integrieren. Ob ich auf Kalliope, Euterpe, Erato, Thalia, Melpomene und Klio mit dem Hackebeil losgehen sollte, um sie zu leckeren Vampirromanen, Pferdeschmonzetten, Liebessülzen oder Pornoschmökern zu verarbeiten.

Ich widerstehe der Versuchung, weil ich trotz alledem ökonomisch denken kann und sehr wohl weiß, dass nur Idioten ein volles Bankkonto mit einem leeren Bett bezahlen.

Sergio Vesely

Die Dinge

Es klingt vielleicht banal und fatal
aber die Dinge sind wie sie sind
wie sie sind, wie sie sind

Im Leben weiß man nie
was geschehen wird
die Dinge sind wie sie sind
wie sie sind, wie sie sind

Es kommt eine lauwarme Brise herein
und heraus geht ein kalter, rauer Wind
verirrte, kleine Sterne bleiben zurück
funkelnd im Nachthimmel der Illusion

Welle, die zerschellt
Welle, die nicht bricht
Welle, die vorbei rauscht
Welle, die niemals ankommt

Die Dinge sind wie sie sind
wie sie sind, wie sie sind

Sergio Vesely

Die malende Leiche

Alles begann wie ein Kinderspiel zwischen zwei Erwachsenen und entwickelte sich mit der Zeit zu einer der schönsten Beschäftigungen eines Exilchilenen im Schwabenland. Das Ergebnis ist mittlerweile fast 20 Jahre alt, hat aber bis heute kaum an Charme und Glanz verloren. Wie der Chef des Schulamts am Tag der Einweihung sagte: Es ist die schönste Bemalung an einer Grundschule in Süddeutschland. Und er muss es gewusst haben, denn seine Arbeit führte ihn ja in ganz Baden-Württemberg von Grundschule zu Grundschule.

Nun, die Geschichte fing so an: Ein befreundeter Rektor aus meiner Stadt lud mich eines Tages an seine Arbeitsstelle ein, führte mich in den Hof, von wo man das ganze Gebäude überblicken konnte und fragte mich, ob ich die Schulwände bemalen würde. Ich war etwas verblüfft. Er kannte mich als Kinderliedermacher und vielleicht auch als Buchillustrator, wusste aber auch, dass ich keine Erfahrungen mit Gebäudemalerei hatte. Dennoch traute er es mir offensichtlich zu. Ich sah die Wände an und stellte fest, dass dort ein riesiges Gerüst aufgebaut war. Er erklärte mir, das Dach solle repariert werden und dass er die Gunst der Stunde nutzen wolle, um zwei Fliegen mit einer Klappe zu schlagen. Das Gerüst sollte bis zum Sommer stehen bleiben und den Kindern und Eltern die Möglichkeit bieten, sich unter

Anleitung eines Künstlers an der Verschönerung der Schule bis unters Dach zu beteiligen. Und dieser Künstler sollte ich sein — falls ich die Herausforderung annehmen wollte.

Ich schaute mir die Wände genau an und verstand den Grund seiner Frage. Schön waren sie wirklich nicht, um es gelinde auszudrücken. Keine Farbtupfer, keine heiteren Figuren machten diesen Mikrokosmos irgendwie kinderfreundlich. Mir wurde sofort klar, dass sie eine richtig schöne Malerei verdienten. Das Angebot des Rektors sprach mich so sehr an, dass ich ohne weitere Überlegungen „ja" sagte. Und ich versprach ihm, binnen weniger Tage einen Entwurf der Motive anzufertigen, damit er den Antrag auf Verlängerung der Dienstzeit des Gerüstes an das Bauamt richten konnte.

Es funktionierte alles prima. Der Entwurf wurde akzeptiert, das Gerüst blieb stehen und wir bekamen die Genehmigung für die Bemalung der Schule. Im Mai begannen wir mit der Arbeit und waren vor den Sommerferien fertig. In den oberen Etagen des Gerüstes, etwa auf 15 Meter Höhe, arbeiteten ausschließlich Eltern. Den Kindern wurde nur die Bemalung in den unteren Etagen erlaubt, aus Sicherheitsgründen. Die Monteure, die lediglich aufs Dach wollten, hatten das Gerüst nicht nahe genug an der Wand aufgestellt. Für die Erwachsenen war das kein Problem, aber kleine Kinder konnten durchrutschen.

Meine Arbeit bestand darin, Woche für Woche die Schichten von malenden Kindern und Eltern zu organisieren, Farben zu mischen und vor allem, das große Motiv vorzuzeichnen. Immer wenn ich hörte: „morgen wird gearbeitet", fuhr ich in die Schule, kletterte aufs Gerüst und zeichnete ein paar Meter Wand vor, damit die Leute am nächsten Tag etwas zu tun hatten.

Irgendwann, als ich bestimmt mehr als 50 Arbeitsstunden investiert hatte, fragte ich mich ob ich nicht langsam ein Honorar verlangen sollte. Das Gespräch mit dem Rektor über dieses Thema verlief aber ergebnislos. „Zu spät", sagte er, „das hättest du gleich am Anfang ansprechen müssen". Außerdem erklärte er mir, dass die Schulen kein Geld hätten und die Eltern sich an solchen Kosten prinzipiell nicht beteiligten, weil sie es als Verpflichtung des Landes sähen, solche Projekte zu finanzieren. Dafür zahlten die Bürger ja schließlich Steuern.

Okay, dachte ich, wenn mir niemand Geld dafür gibt, nehme ich es als eine Art Schulung oder, wenn man so will, als Lehrzeit und beiße mich durch, koste es was es wolle.

Nun, wir standen kurz vor dem Ende als der Rektor mit einem überraschenden Vorschlag kam. Er hatte sich doch eine Möglichkeit überlegt, wie ich zu meinem Honorar kommen konnte.

Seine Idee bestand darin, eine Kunstmappe mit den Motiven der Wandmalerei zu erstellen und sie an die Eltern zu verkaufen. Die Erstellung selbst kostete uns nichts. Aber als wir sie zum Verkauf anboten, war ich mehr als enttäuscht. Nur vier Kunstmappen fanden einen Abnehmer, obwohl sie nur 50 Mark gekostet hatten, also in heutiger Rechnung lediglich 25 Euro.

Eine Gruppe von Eltern, die gerade ein Musical in Stuttgart besucht und dort pro Kopf 100 Mark gezahlt hatten, schlug mir vor, doch lieber 48,90 Mark zu verlangen, um die restlichen Kunstmappen los zu werden. Weil das besser aussähe. Einige dachten sogar, dass es noch viel besser wäre, auf 39,90 Mark herunter zu gehen, da man im Schwabenland doch ein wenig sparsam sei mit Sachen, die man nicht unbedingt brauche. Weil man Musicals unbedingt braucht, aber Kunst eher nicht.

Ich muss zugeben, dass diese Auseinandersetzung mit Eltern, die teilweise selbst an der schönen Bemalung beteiligt gewesen waren und davon nur Gutes zu berichten hatten, mich einige schlaflose Nächte gekostet hat. Ich konnte es nicht verstehen, dass Menschen die teilweise gut verdienten — um beispielsweise 400 Mark für einen Musical-Abend mit der ganzen Familie hinzublättern — so geizig sein konnten. Immerhin wussten sie ja, dass der Künstler kein Geld für das Projekt erhalten und die Kunstmappe ihm ein Ersatzhonorar ermöglichen würde. Aber das war ihnen egal. Und die Moral von der Geschicht'? Kunst ist für Schwaben — und das sind in Geldfragen so ungefähr alle Deutschen — nur dann gut, wenn man sie wie ein Schnäppchen besorgen kann. Seltsam nur, dass genau diese Menschen mich oft fragen, „ob man von der Kunst leben kann".

Das einzige, was ich seit jener Schulbemalung darauf antworte, ist: *Entschuldigen Sie, sehe ich vielleicht schon aus wie eine Leiche?*

Urs M. Fiechtner

Unter Passanten

Unter Passanten im Spätherbst
vor den Toren einer Verkaufsanstalt
in Norddeutschland nahe am Meer

Bleibt jemand stehen, ernst
mit entschlossenem Ausdruck
nach einer kühl durchdachten Nacht

Entkleidet sich jemand
mit beherrschten Gesten
ohne Hast und Erklärung

Bleibt jemand stehen, entblößt
ohne Reisepass und Entschuldigung
im Spätherbst nahe dem Meer.

Urs M. Fiechtner

Eine Lesung in Funzdorf

Der Autor warf einen suchenden Blick durch die Windschutzscheibe — und ja, er war offenbar angekommen, endlich, wenn auch nicht unbedingt dort, wo er gerne gewesen wäre, sondern leider nur dort, wo der Welten bewegende Veranstalter angesichts der Grenzen seiner Beweglichkeit gerade noch unterschlüpfen konnte. Also im evangelischen Gemeindehaus weit draußen am Rande der großen Stadt.

Wenn es ganz drinnen nicht geht, ist ganz draußen immer ein logischer Alternativansatz, findet der Autor. Er ist nämlich solidarisch mit seinen Veranstaltern. Und er weiß es durchaus zu würdigen, dass ein hochgradig gemeinnütziger Verein auch hochgradig sparsam mit allem umgehen muss. Zum Beispiel mit einem attraktiven Saal. Oder mit Publikum.

Mit einem kleinen, aber durchaus solidarischen Stöhnen parkt er das Auto. Er geht eine Runde mit seinem Hund spazieren, spielt ein wenig mit ihm, füttert ihn und versucht auch sonst, etwas Zeit zu schinden, bevor er sich dem unvermeidlichen Zusammentreffen mit den Veranstaltern stellt. Irgendwann ist es soweit, dass ihm die Ausreden ausgehen und er das Gemeindehaus betreten muss.

Drinnen ein Tisch mit freundlichen Leuten gehobenen Alters. An dem sehr großen Tisch hängt ein sehr großes Transparent im schwarz-gelben Design vom ADAC oder von Borussia Dortmund. Oder so. Auf dem ziemlich großen Tisch, der ohne weiteres Platz für ein komplettes letztes Abendmahl bieten würde, liegen aber in minimalistischer Anordnung nur zwei ziemlich kleine Flyer, die zu Spenden aufrufen, dazu ein akkurat gezirkeltes Häufchen einer klitzekleinen Ausgabe der „Allgemeinen Erklärung der Menschenrechte". Ein interessantes Ensemble, findet der Autor. Künstlerisch gesehen. Vielleicht ein postmoderner Protest gegen die Geschwätzigkeit unserer Zeit? Oder eine ästhetische Metapher mit David und Goliath: die kleinen Menschenrechte im Ringen mit dem riesigen Feld der Geistlosigkeit? Oder ein topographisches Statement, gewissermaßen ein Verweis auf die leere Ödnis der Savanne hier weit draußen am Rande der großen Stadt?

Die freundlichen Leute geleiten den Autor in den Veranstaltungssaal, wo man in der ersten Reihe einen Platz für ihn reserviert hat. Allerdings mag er keine Ehrenplätze, weshalb er sich bescheiden in die letzte Reihe setzt, um den Überblick zu haben. Und weil es kaum einen in Metern messbaren Unterschied macht, ob er später von der ersten oder der letzten Reihe zur Bühne streben wird.

Man muss nämlich realistisch sein, sagen die Veranstalter. Sie hätten zwar ganz großen Aufwand mit der Werbung getrieben und nicht nur Handzettel am Infostand in der Fußgängerzone ausgelegt, sondern sogar einen Terminhinweis ins Amtsblatt der Stadt setzen lassen, aber, nun ja, die Zeiten seien eben hart und auch sonst würden nur wenige Leute zu politischen Veranstaltungen kommen. Der Autor versteht das und lächelt freundlich: Handzettel auf den Infostand in der Fußgängerzone legen ist immer gut, findet er, und dass moderne Medien sowieso allgemein überschätzt werden. Und er versucht seine Gesichtszüge so zu ordnen, dass man aus ihnen nichts anderes ablesen kann als solidarischen Charme und höfliche Zustimmung.

Ein wenig Publikum findet sich nach einiger Zeit trotz alledem ein, darunter vermutlich einige Leute, die sich auf der Suche nach der nebenan stattfindenden Bibelstunde verirrt haben, es aber nicht zugeben wollen.

Der Autor freut sich, dass überhaupt irgendjemand den Weg hierhin gefunden hat und er freut sich noch mehr, dass die Veranstaltung nach einiger Wartezeit — man weiß ja nie, ob nicht doch noch Publikum nachkommt — dann auch endlich beginnt.

Ein Mensch von beeindruckender Statur betritt die Bühne, ausgestattet mit einer knielangen Barttracht, die ihn ohne weiteres für den Titel des bajuwarischen Bartträgers des Jahres qualifizieren würde. Er freue sich sehr, dass doch so viele Menschen zu dieser Veranstaltung gekommen seien und stellt sich als *Gruppensprecherin* der örtlichen Gruppe einer Menschenrechtsorganisation namens *Ah-Ih* vor.

Ein kleines Glucksen geht durchs Publikum, das einen Scherz oder einen Versprecher vermutet. Aber der Waldschrat stellt unbeeindruckt seine *Mitarbeiterinnen* vor, die bei der Vorbereitung dieser Veranstaltung mitgewirkt hatten. Als erstes einen älteren Herrn mit wilhelminischem Es-ist-erreicht-Schnurrbart und Hornbrille, den er als *die Finanzreferentin* der Gruppe vorstellt und zwei kahlköpfige Personen in beiger C&A–Rentneruniform, die er *unsere Pressesprecherinnen* nennt. Und er macht weiter: leider, leider hätte es nicht funktioniert, für diese Veranstaltung *Wolfgang, die Generalsekretärin von Ah-Ih in Deutschland,* zu gewinnen und ebenso wenig *Alexander, die Sprecherin des Vau-Es von Ah-Ih.* Das Glucksen wird stärker. Ein Pärchen in der Sitzreihe vor dem Autor tuschelt vernehmlich über die Frage, ob man hier bei der Veranstaltung einer Sekte gelandet sei.

Der Autor nickt trotzdem beifällig. Es ist immer gut, mit einer klaren Sprachregelung den Augen zu sagen, was sie zu sehen haben. Es sieht ja auch kein Mensch eine Müllhalde, wenn er Entsorgungspark hört. Und es hat sich allgemein durchgesetzt, von einem Vier-Topf-Zerknall-Treibling zu sprechen, seitdem man in den 20er Jahren fand, dass „Vier-Zylinder-Explosions-Motor“ nicht politisch korrekt deutsch klingt. Heute weiß jeder Mechatroniker Bescheid, wenn der Kunde in der Werkstatt beklagt, dass sein Treibling merkwürdige Geräusche macht. Oder schickt ihn weiter zum Urologen.

Es ist auch immer gut, in demokratischer Offenheit das Publikum darüber zu informieren, dass nichts von dem geklappt hat, was in der Ankündigung versprochen wurde und die Veranstaltung schon in die Hose gegangen war, bevor sie überhaupt begonnen hatte. Das schafft eine gute, politisch herausfordernde Atmosphäre des asketischen Verzichtes, so wie bei Leuten, die bei McDonalds vorfahren, um erst am Schalter von der Rindfleisch-Krise zu erfahren und dann ungefragt einen vegetarischen Salat serviert bekommen.

Und natürlich ist es auch immer gut, in der Öffentlichkeit den schlafwandlerisch-gekonnten Gebrauch von Abkürzungen zu demonstrieren, weil man damit Zeugnis ablegen kann von der eigenen Professionalität und tiefen Kenntnis der Dinge.

Er habe auf einer *Be-Es-Kah* die Anregung bekommen, sagt die *Gruppensprecherin*, es doch einmal mit einer Kulturveranstaltung zu versuchen, nachdem die Gruppe ein wenig enttäuscht gewesen sei über die Resonanz der Infostände in den letzten 20 Jahren und man habe es deshalb gewagt, in Zusammenarbeit mit der *Koh-Gruppe Em-Er-Vau an Kindern und Jugendlichen* und der *Koh-Gruppe Em-Er-Vau an Frauen* diese Veranstaltung zu organisieren, um *die Wischn und Mischn der Arbeit von Ah-Ih* — an dieser Stelle wird das Tuscheln im Publikum etwas lauter — ein wenig deutlicher zu illustrieren, als Infostände in der Fußgängerzone dies vermöchten.

Der Autor findet das alles auch. Vielleicht mit der Ausnahme, dass er sich in Augenblicken der mentalen Erschöpfung gelegentlich der Auffassung des Alten Recken Helmut Schmidt anschließt, nach der Leute, die Visionen haben, doch besser einen Arzt aufsuchen sollten. Und, nun ja, vielleicht auch mit der Ausnahme, dass er in seinem tiefsten Inneren ein gewisses Verständnis hegt für Völker, die aufdringliche Missionare in den Kochtopf stecken. Aber nur gelegentlich.

Aber immerhin — so fährt das Gruppensprecherdings fort — habe man, gewissermaßen als Ersatz für die Generalsekretärin und die Vau-Es-Sprecherin, *ja doch wenigstens eine ganz renommierte Autorin* für diesen Abend gewinnen können. Und ihr solle jetzt die Bühne gehören, wobei sie gebeten werde, sich einfach selbst vorzustellen, *weil wir wegen der vielen Vorbereitungsarbeit keine Zeit hatten, uns in ihr Werk einzulesen...* Und er macht eine einladende Handbewegung.

Der Applaus des inzwischen gründlich irritierten Publikums kommt etwas zögerlich, vermutlich, weil all das gesagte in den Köpfen noch etwas Verarbeitungszeit braucht. Die *wenigstens ganz renommierte Autorin*, welche ebenfalls ein Damenbart-Problem hat, wenngleich in weitaus geringerem Umfange als ihr imposanter Vorredner, macht sich auf den Weg zur Bühne und ist jetzt sehr dankbar, dass sie sich in die letzte Reihe gesetzt und somit ein paar Sekundenbruchteile Zeit für die innere Sammlung gewonnen hatte.

Er muss nachdenken. Und zwar ganz schnell und ganz genau über die Frage, wie er seine bedingungslose Solidarität mit der *Veranstalterin* nun in die Tat umsetzen soll. Er könnte, zum Beispiel, blitzschnell allen handelnden Personen in seinen Texten eine weibliche Form geben und gleichzeitig möglichst viele Fachbegriffe durch ihre Abkürzungen ersetzen. — Aber würde ihm das Publikum die Kurzgeschichte von der amerikanischen *Präsidentin* namens *Georgia Wally Bush* wirklich abnehmen? Und würde es nicht ein wenig seltsam klingen, wenn er das Auswärtige Amt als *Aa-Aa* aussprechen würde?

Oder sollte er die andere Form der Solidarität wählen, nämlich dem irritierte Publikum signalisieren, dass die Arbeit einer Menschenrechtsorganisation etwas ungemein notwendiges und sinnvolles ist, auch wenn einige ihrer Vertreterinnen sprachlich so intelligent auftreten wie die Kreuzung zwischen einem nerdistischen Wissenschaftler und einem autistischen Guru?

Oder sollte er ganz einfach professoral nüchtern erklären, dass mit *Ah-Ih* Amnesty International gemeint ist, die älteste und erfahrenste Menschenrechtsorganisation der Welt, die aus guten Gründen intern beschlossen hatte, eine endlich geschlechtergerechte Sprache dadurch einzuführen, dass im ersten Schritt nur noch die weibliche Form verwendet wird, gewissermaßen als Pendelschlag ins andere Extrem der patriarchalisch geprägten Sprachen? Und dass es sich bei der Anhäufung von Abkürzungen nicht um die Geheimsprache einer Sekte handelt, sondern einfach nur um das altgewohnte Phänomen der gedankenlosen Fachidioten, die zu gefangen sind in ihren fachlichen Alltag und ihren Organisationsstrukturen, um sich noch verständlich ausdrücken zu können?

Er grübelt noch, während er seiner Hündin den Platz neben dem Pult zuweist und betont langsam sein Buch aufschlägt. Jetzt muss er was sagen. Und da er sich noch nicht entschieden hat, welchen Weg er einschlagen soll, probiert er das nächstliegende: Seien Sie nicht irritiert, sagt er dem Publikum, dass Ihnen eine Autorin angekündigt wurde und nun ein Mann die Bühne betreten hat: ich bin aber nur der Übersetzer für unsere Autorin — er weist mit einer kleinen respektvollen Verbeugung auf seine Hündin — die übrigens einen interkulturellen Migrationshintergrund hat und für die ich aus dem sibirischen Husky sowie aus dem schottisch-englischen Border-Collie ins Deutsche Schäferhund übersetzen werde. Wenn es schon auf einer Bühne albern zugeht, denkt er sich, dann muss es wenigstens wie Absicht erscheinen.

Er schaut vorsichtig in die Runde. Das Publikum gluckst wieder, aber ein paar Leute gucken noch immer etwas misstrauisch. Er beschließt, seinen Leseplan umzuschmeißen, den Anfang seiner Lesung unter das Motto „Blödeln für die Menschenrechte" zu stellen und erst einmal nur satirische Texte zu lesen, bevor er langsam und vorsichtig zu den ernsthaften Inhalten übergehen würde.

Es scheint sogar zu funktionieren. Nach anderthalb Stunden beendet er die Lesung, bekommt einen langen Schlussapplaus und verzieht sich nach draußen, um seiner Hündin Auslauf zu gönnen und sich selbst eine erholsame Zigarette.

In der Dunkelheit geht das Pärchen an ihm vorbei, das bei der Begrüßung vor ihm gesessen hatte. *War ja doch irgendwie interessant,* sagt das Mädchen zu ihrem Partner — *aber nu' sag mal ernsthaft: waren wir jetzt bei 'ner Sekte oder was?*

Sergio Vesely

Die Orientalische Diva

Ich hatte eine Biene am Charlottenplatz,
ein Pralinchen in Apothekersdiensten,
so eine leckere Melange
hat man noch nie gesehen,
Mutter aus Ankara, Vater aus Nizza!

Sie wusste mit ihrem Ottomanenmäulchen
Franzmanns Redensarten aufzusagen,
im ganzen Germanenviertel war kein Mädchen
so lebhaft und so stolz wie sie.

Und ich hatte mich
so schwer in sie verknallt,
dass ich mich durch den Koran fraß
und die Marseillaise auswendig lernte.

Ich zog in die Absteige von gegenüber
und machte mich an die orientalische Diva heran...

...doch mit der Zeit hab' ich geschnallt,
dass sie eine *Fundi* war, mit Clogs
und Oberteil aus Kartoffelsack
trotz ihres Tango-Bomben-Flairs

Sie kritisierte mich für jede Kippe
und für jeden Löffel Zucker im Kaffee,
den Kavalier in mir nannte sie einen *Macho*
und meinen Optimismus *Weltfremdheit*.

Der Schuss ging nach hinten los.
Die Perle entpuppte sich als ödes Blech.
Um mich zu retten machte ich die Fliege
und trat in den Club
der Einsamen Herzen ein.

Ich sag' nichts Schlechtes über sie,
so übel war sie nicht.
Sie kam aus Gallien, meine Muselmanin,
kein Mädchen im Germanenviertel
war so lebhaft und so stolz wie sie.
Und ich hatte mich so sehr in sie verknallt,
dass ich mich durch den Koran fraß
und die Marseillaise auswendig lernte.

Urs M. Fiechtner

Unterwegs

Deutschland beginnt
am Frankfurter Kreuz.

Das breite Band der Straße
unerbittlich Hügel zerschneidend.
Der Horizont
mit Entfernungsangaben.
Die Nacht mit Reflektorenbündeln.
Peitschenmasten zur Ausleuchtung
des geradlinigen Weges.

Eine Leitplanke für Zweifler.

Das ist Deutschland.
Der Boden befahrbar
für Kettenfahrzeuge.

Deutschland beginnt
am Frankfurter Kreuz.

Sergio Vesely

Wo bleibt der Indianer?!

Zum Glück waren unsere Veranstalter selten so wie jener Theologiestudent aus Innsbruck, den ich Miguelito genannt habe in Anlehnung an eine Comicfigur aus meiner Jugendzeit, die permanent ihre Träume für die Realität hielt. Wenn das vorbeifahrende Auto nicht die Farbe getragen hatte, die er wollte, behauptete Miguelito das Auto hätte sich geirrt. So ungefähr kam mir mein Veranstalter aus Innsbruck vor.

Wie gesagt, zum Glück war er die Ausnahme, sonst wäre ich früher oder später vor einem Hauptbahnhof aus Verzweiflung verrückt geworden. Oder ich wäre nie wieder mit dem Zug zu einer Konzertlesung gefahren. Was mich in die traurige Lage versetzt hätte, auf eine Unmenge von wunderbaren Begegnungen zu verzichten oder sie mir anderweitig zu verschaffen. Aber das ist ein anderes Thema.

Da mein Kollege Urs Fiechtner an jenem Tag aus einer völlig anderen Richtung anreisen musste und mich nicht in seinem Wagen mitnehmen konnte, entschied ich mich, mit dem Zug zu fahren. Also rief ich in Österreich an und vereinbarte mit dem besagten Theologiestudenten um 16 Uhr ein Rendezvous vor dem Bahnhofsgebäude, am Haupteingang. Mein Zug aus Stuttgart sollte um 15.43 Uhr ankommen.

Als ich aus dem Zug ausstieg, beruhigte mich der Blick auf die Uhr. Es war exakt 15.43 Uhr. Ich konnte es schier nicht glauben. So eine lange Strecke und keine Verspätung. Wieder eine von diesen Geschichten, die man in Chile lieber für sich behält, um nicht in Verdacht zu geraten ein Märchenerzähler oder gar ein Eurozentrist zu sein — dachte ich.

Ich lief also ohne Hektik zu meinem Treffpunkt und versicherte mich dabei, dass meine langen Haare und meine Gitarre gut sichtbar waren. Beide Merkmale hatte ich mit meinem Abholer als Erkennungszeichen ausgemacht.

Man muss dazu sagen, dass in den meisten Fällen solche Mitteilungen über persönliche Erkennungszeichen überflüssig waren. Irgendwie war es den Leuten immer klar, wen sie vom Bahnhof abholten sollten und grinsten mich schon aus der Entfernung an, bevor ich Gitarre und Haare in die richtige Position gebracht hatte.

Aber der Theologiestudent war jemand besonderes. Er verhielt sich nicht wie normale Leute. Er ignorierte schlicht und einfach die Abmachung. Im Nachhinein glaubte ich, dass ich ihn verwirrt habe mit meiner Selbstbeschreibung. Ich sagte am Telefon *ich bin ein junger Chilene.*

Allerdings hätte ich wissen müssen, dass ein österreichischer Theologiestudent jener Tage — diese Anekdote ereignete sich im Jahr 1978 — ein Freund der sogenannten Theologie der Befreiung sein konnte, was eine kluge Auslegung der biblischen Botschaft in den früheren Kolonien Spaniens darstellte. Darin sah man die Kirche auf der Seite der Entrechteten Lateinamerikas. Ein österreichischer Theologiestudent, der sich damit identifizierte, war ein Mensch der besonderes aufmerksam die Rolle der Kirche unter der Militärdiktatur in Chile verfolgte und konsterniert feststellte, in welch trauriger Lage die Ureinwohner dort — in einer katholischen Gesellschaft — immer noch lebten. Jemand wie ich, ein frisch angekommener Flüchtling aus Chile, musste in seiner Vorstellung notwendigerweise ein indianischer Widerstandskämpfer sein.

Knapp zwei Stunden hat er mich deswegen vor dem Bahnhof stehen lassen, ohne mich anzusprechen. Ich war nicht der Indianer, der ich hätte sein müssen. Und das, obwohl ich weit und breit der einziger langhaarige junge Mann mit Gitarre war. Und die Tatsache, dass der Nicht-Indianer einen tschechischen Namen trug, der in Österreich durchaus bekannt ist, war für ihn nicht Grund genug, daran zu denken, dass er einen Nachkömmling von europäischen Emigranten abholen würde und möglicherweise sein Erscheinungsbild nicht ganz uneuropäisch sein würde. Der weltfremde Miguelito hatte an so etwas nicht gedacht, obwohl, wie gesagt, es durchaus naheliegend gewesen wäre. In seinem Land wurde ich zu jener Zeit immer auf eine berühmten Schauspielerin angesprochen, die meinen Namen trug, sich aber anders schrieb: *Sind sie mit der Wienerin Paula Vesseli verwandt?*

Aber ich sollte nachsichtiger sein mit unserem österreichischen Freund. Letzten Endes konnte er wenig dafür. Naivität war sehr verbreitet in jenen Tagen. Es gab sogar deutsche Sozialämter, die alle chilenischen Frauen ins Amt zitierten, um sie zu fragen, ob sie sich wohl fühlten in ihren Kleidern. Die deutsche Behörde hatte plötzlich den Verdacht, ihnen die falschen Kleiderkisten geliefert zu haben. War es nicht so, dass die Frauen in Chile in Baströckchen herumliefen?

Der Theologiestudent war nichts außergewöhnliches. Er war ein typischer, solidarischer Europäer der siebziger Jahre. Er setzte sich für die Rechte der Ureinwohner ein und konnte nicht wissen, dass die Protagonisten der Kämpfe für Demokratie und Gleichberechtigung jenseits des großen Ozeans manchmal ganz anders aussahen als man es sich in Österreich vorstellen konnte. Es lagen Welten dazwischen.

Nun, man muss der Wahrheit zuliebe sagen, dass auch ich mich bei unserem Rendezvous sehr klischeehaft benommen habe. Auch ich hatte etwas typisches an mir: Der Ausländer, der sich verloren vorkommt.

Ziemlich ängstlich, zurückhaltend, etwas schreckhaft und unsicher stand ich da. Was werde ich tun? Wo werde ich schlafen? Werde ich jemals meinen Kollegen Fiechtner wiedersehen? Wer wird meine Rückfahrkarte bezahlen? Wie viele Tage braucht es, um nach Deutschland zu laufen? Ist es hier überhaupt erlaubt, per Anhalter zu reisen? Würde denn irgendjemand anhalten? — Diese Fragen quälten mich fürchterlich und ich war wie gelähmt. Ich verkörperte in diesem Augenblick den Fremden, der mit dem falschen Film im Kopf durch die Welt geht. Einer der denkt: Alle sind gegen mich und ich bin einsam und allein.

Natürlich habe ich meinen Abholer gesehen während ich vor dem Bahnhof wartete. Er stand dort genau so lang wie ich. Ich habe ihn immer wieder beobachtet. Mal hat er ein paar Schritte gemacht, mal hat er in einem Buch nachgeschaut, mal hat er ausdruckslos den Kopf hin und her bewegt. Aber immer wenn ich mich ihm näherte, zeigte er mir grundsätzlich den Rücken. Als ob er mir ganz deutlich sagen wollte: dich hole ich nicht ab.

Bis ich mich endlich entschloss ihn anzusprechen, was für mich sehr schwierig war. Deutsche Sätze kamen damals nicht unüberlegt aus mir heraus. *Entschuldigen Sie* — sagte ich — *erwarten Sie einen chilenischen Sänger?*

Es dauerte eine Weile bis Miguelito aus seinem Traum erwachte. Zuerst schaute er mich noch ziemlich verblüfft an, als würde er sich fragen, warum ein unbekannter Mensch wusste, was er vor dem Bahnhof tat. *Ja, und Sie sind sehr spät gekommen!* — sagte er.

Ich hätte gerne was dazu gesagt, aber meine Kenntnis der deutschen Sprache reichte dafür noch nicht aus. Also schwieg ich. Und da es inzwischen sehr spät geworden war, liefen wir zügig zusammen zum Ort der Veranstaltung, wo mein Kollege Fiechtner schon ein wenig besorgt und nervös auf der Bühne herumspazierte.

Später, als wir im Auto saßen und Richtung Deutschland zurückfuhren, erzählte mir Urs, mit einem kleinen spöttischen Grinsen im Gesicht, dass Miguelito sich bei ihm sehr nachdrücklich über meine *typisch südländische Unpünktlichkeit* beklagt hatte.

Wie schon gesagt: Wir hatten Glück, dass nicht alle unsere Veranstalter so waren wie jener Miguelito aus Innsbruck. Aber manchmal denke ich, dass doch eine ganze Menge von ihnen Theologiestudenten waren.

Sergio Vesely

El Sudaca

Der Latino

Alle dachten, er würde am Morgen wieder
auftauchen nach der durchzechten Nacht
aber der Sudaca hatte andere Pläne.
Er stieg in einen Flugzeug der Lufthansa
und landete mit seiner Gitarre in Berlin.

Die erste Nacht verbrachte er
bei einer preußischen Blondine im Minirock
die er am S-Bahnhof aufgegabelt hatte.
Die Woche darauf erwachte er verblüfft
mit dem Gefühl *Superman* zu sein
auf einer Rheinländerin.
Bald hatte er sein Liebesnest überall
in Köln, in Hamburg, in Stuttgart
und sogar im österreichischen Salzburg,
wo er sich heimlich mit einer Sächsin traf.

Die deutschen Frauen waren die Rettung.
Sie teilten nicht nur das Bett mit ihm
sondern gaben ihm sogar Geld und bekochten ihn auch.
Er fühlte sich wie ein König.
So ein Leben wollte er immer.

Der Sudaca, liebe Freunde
kehrte niemals zurück.
Wozu denn auch?
In seiner Heimat
schlafen die schönen Blondinen nicht mit ihm
weil er wie ein Indianer aussieht
und traditionelle Kleidung trägt
und es nur zustande bringt
Gitarre zu spielen
und gute Laune zu verbreiten.
Nein. Dort schlafen die Blondinen
nicht mit ihm.
Deswegen will er nicht mehr zurück.
Er bleibt in Deutschland.
Der Sudaca mag arm sein
aber blöd ist er nicht.

Urs M. Fiechtner

Eine Lesung in O.

Herr F. steht früh auf. Das tut er nicht gerne, und vier Uhr ist sehr früh für einen, der nachts noch unbedingt an so überflüssigen Sachen wie einem Buch basteln muss. Bücher braucht nämlich kein Mensch, da sie kaum einen praktischen Nutzwert haben; — manche Leute schreiben sie aber trotzdem, vielleicht nur, weil man ein dünnes Lyrikbändchen unter ein wackelndes Tischbein klemmen oder mit einem fetten Roman marodierende Ratten bewerfen kann. Oder weil man aus Büchern vorlesen kann, damit Kinder die Klappe halten und endlich einschlafen.

Es wird ein guter Tag. Die Sonne lacht, die Katzen schnurren, der Hund wedelt freudig mit dem Schwanz und Herr F. kommt pünktlich aus dem Haus, was er nicht immer von sich behaupten kann. Die Autobahn zieht vorüber wie in einem Roadmovie, die fünf Stunden Fahrt in die Schule sind nicht lang. Herr F. gibt Gas und denkt vor sich hin, was er vor allem tut, weil er ein Schriftsteller ist, also ein wichtiger Mensch, und solche Leute denken immerfort ungemein wichtige Sachen vor sich hin. Meistens denken sie, dass ihr Dasein doch irgendeinen Sinn haben müsse.

Frau R. ist eine Seele von Lehrerin. Sie wird niemals laut, was sie auch nicht muss, ihre Schüler tun das für sie. Sie hat bei einem Plakatwettbewerb mitgemacht und einen Preis gewonnen. Der Preis ist eine Autorenbegegnung mit Herrn F.

Übrigens der dritte Preis, und vermutlich haben auch nur drei Klassen teilgenommen. Herr F. weiß das nicht, jedenfalls nicht so recht, aber sonst hat er sich gut vorbereitet, wie er das seit Jahrzehnten konsequent und aus einer gewissen grundzipiellen Haltung heraus immer tut, weil er ja nicht irgendein Autor ist, sondern ein deutscher. Folglich poetisiert er nicht nach der Art exaltierter Südländer unkontrolliert vor sich hin, sondern hat immer einen Plan, und zwar einen ernsten. Also nimmt er auch Schüler sehr ernst, gibt immer sein Bestes, immer hoch konzentriert, immer bemüht, junge Menschen auf Augenhöhe zu behandeln und trotzdem verständlich zu formulieren, immer mit schweren, ja schwersten Themen und Formen im Gepäck, immer einer, der als Minnesänger der reinen Vernunft zum Kampfe bereit ist, am liebsten mit dem Florett Voltaires, manchmal mit dem Spazierstock Immanuel Kants, aber, wenn es Noth thut, auch gerne mit der Kettensäge des Waldschrates.

Er freut sich auf die Herausforderung einer 8. Klasse, also junge und meist buchfremde Menschen, womöglich sozialer Brennpunkt oder so, da blüht er auf, da zieht er die Augen der sinnsuchenden Jugend in seinen Bann, da lässt er sie an seinen Lippen hängen, aus denen der Quell der Lesensfreude und des Freiheitskampfes sprudelt, da kennt er sich aus.

Ein geschulter Blick auf die Schule. Baujahre offenkundig in den späten 60ern, gestaltet von einem wirtschafts-wunderlichen Architekten mit verschüttetem Bauhaus-Syndrom, klinischem Waschbetonzwang und alkoholbedingter Melancholie; seit Jahrzehnten kein Geld mehr da für die Renovierung, krampfhaft überdimensioniert als regionale Auffangstelle im Dorf jenseits der großen Stadt und dennoch durchaus richtig geplant als Startanstalt für ein Leben in den Farben des deutschesten aller Monate, also des graukalten November.

Herr F. weiß ländliche Umgebung aber zu schätzen. Da sind die Klassen noch gut motiviert, noch gut eingebunden ins soziale Gefüge, sehr lernbegierig und immer gespannt auf neue Gesichter, auf einen Gast, der was erzählt von der Welt da draußen. Fast immer gibt es gute Gespräche mit den Schülern, und schon manch eine Kleinstadtklasse hat sich neugieriger, aufgeschlossener und weltoffener gezeigt als großstädtische Gymnasiasten, die zuweilen doch recht schnöselig sind in ihrer markenklamottigen und betaschengeldeten Indolenz.

Frau R. ist eine Seele von Mensch. Seit 20 Minuten versucht sie, die Schüler und -innen in den Klassenraum zu treiben. Aber es gelingt nur zur Hälfte. Die anderen haben heute keine Lust, ausdieMausundEndeimGelände. Ein paar hauen ab, und die, die nicht abhauen, wollen lieber fernsehen — eine seltsame historische Mischung aus der Rückkehr der reitenden Leichen, dem Angriff der Killertomaten und Deutschland sucht den Superstar. Es fließt sehr viel Blut plus Geigenmusik über den Bildschirm. Da Frau R. eine Seele von Mensch ist, wird der Fernseher endlich doch abgeschaltet. Natürlich erst, als die Sendung vorbei ist.

Ein Klassenzimmer mit dem Neonlicht-Charme eines Obdachlosenasyls. Die Tische jedoch innovativ in umgekehrter U-Form gestellt, damit die Schüler einander im Auge behalten können. Links die Knaben. Rechts die Mädchen. Unten ein leerer Raum. Oben als Tüpfelchen die Seele von Mensch und Herr F.

Die alterstypische erotische Spannung zwischen den pubertierenden Geschlechtern entlädt sich in Dialogen, denen Herr F. nicht ganz folgen kann. Zu seiner Zeit flirtete man anders und versuchte vor allem, ganz nahe ran zu kommen. Hier ist das nicht so. Die frontale Sitzordnung scheint eher militärische Gründe zu haben. Von Rechts brüllt es HaltsMaulDuWichser!, von Links echot jemand HaltsMaulDuFotze! Und noch ein paar Sachen, von denen Herr F. nicht sicher ist, ob er sie überhaupt verstehen will. Für alle Fälle guckt er möglichst ungerührt vor sich hin, während er nachdenkt.

Herr F. denkt vor allem über die linke Seite des Gelärms nach. Schließlich sitzen gegenüber hübsche Mädchen, oder doch solche, die es möglicherweise sein könnten, wenn nur ihre Avon-Beraterin nicht gerade im Zuchthaus säße und sie deshalb gezwungen wären, den ganzen Tag im Kosmetik-Studio „VielHilftViel!“ zu verbringen. Aber die Jungs scheinen ganz andere Interessen zu verfolgen, die vor allem mit der Entwicklung von Lautstärke zu tun haben.

Besonders laut sind Mirko, Marko und Murko. Der erste ein Zärtling mit Löckchen, der im Sport vermutlich dauernd was in die Fresse kriegt und das im Klassenraum durch Gekreisch kompensieren muss. Der zweite die genetische Strafe eines Generationen währenden Inzestes im Fleischereibetrieb, rotgesichtig, weißpellig und nur deshalb noch nicht in wanstiger Fettleibigkeit schwelgend, weil er unaufhörlich zappelt und zuckt wie ein Känguru auf der Kochplatte. Der dritte ein missglückter Versuch der Natur, Danny DeVito und Vladimir Klitschko unter einer einzigen Baseballkappe zu vereinen. Während Marko Murko im Schwitzkasten hält und permanent berufsorientiert brüllt „isch mach disch fettisch!" greint Mirko lautstark über einen Blumentopf, der ihm angeblich die Sicht auf „den Mann da" versperrt und lässt sich partout durch gar nichts beruhigen, auch nicht durch den verständnisvollen Hinweis von Frau R., er könne den auf Armeslänge entfernten Bonsai-Gummibaum doch ohne weiteres selber beiseite schieben. Zuletzt besorgt es die SeelevonMensch, worauf Mirko sich erleichtert dem Ringkampf seiner Nachbarn zuwendet.

Die Mädchen unterdessen unterhalten sich prächtig nach ihrer Weise. Britta zieht sich unter hellem Gekreisch eine großflächig verpinkelte Trainingshose über den Kopf, vermutlich eine museale Leihgabe aus Rostock-Lichtenhagen. Um die Britta solle Herr F. sich gleich gar nicht kümmern, sagt die SeelevonMensch, die müsse nämlich immer im Mittelpunkt stehen und sei den ganzen Tag so. Herr F. hätte gerne gewusst, ob das Mädchen bei der deutschen Sportstiftung bekannt sei und mit welcher Art von professionellem Doping sie ihr hyperaktives Durchhaltevermögen errungen hatte, aber die SeelevonMensch versteht ihn nicht, dazu ist es zu laut.

Das macht Herrn F. nichts aus. Er ist eben kein vor sich hin literierender Sesselfurzer oder so, sondern ein voll cooler Typ oder so, der mit Jugendlichen gut kann. Oder so. Jedenfalls wenn sie seine Anwesenheit wahrnehmen. Also tut er ganz cool, was von ihm verlangt wird, nämlich über seine Arbeit zu berichten und dabei nicht in der Flugbahn von Wurfgeschossen zu sitzen. Das kommt aber überhaupt nicht an, weder akustisch noch inhaltlich, und dies nicht nur, weil links Murko wegen des Schwitzkastens und rechts Britta wegen der Trainingshose keine Luft mehr kriegen und um Hilfe schreien. Herr F. sieht erfreut die Chance, die Zahl der Lärmoyanten auf einen Schlag um zwei Personen verringert zu sehen, was aber leider die SeelevonMensch mit schnell eingeleiteten Erste-Hilfe-Maßnahmen verhindert. Er redet noch eine Weile weiter, aber der Krach wird immer lauter. Eigentlich sollte er auch was vorlesen. Irgendeine spannende Geschichte, die Leute dazu bringt, mal ein Buch in die Hand zu nehmen, obwohl sie im normalen Leben schon von einer SMS in ganzen Wörtern überfordert sind.

Vielleicht sollte er das wirklich, denn bisher haben sich noch alle Publikümer von seiner Stimme einfangen lassen. Oder doch wenigstens einlullen.

Er denkt ernsthaft darüber nach. Auch über seinen Auftrag, denn schließlich sollte er ja was über Bücher erzählen und auch über fremde Länder und Kulturen, weil er das eine oder andere Buch über das Leben in Afrika oder Lateinamerika geschrieben hat. Vielleicht sollte er was über bestimmte Länder vorlesen, die ein Fenster hinaus in die Welt öffnen, die eine besonders spannende Geographie und Geschichte haben und die Neugier und den Wissensdurst junger Leute anregen können. Chile zum Beispiel, das Land der großen Poeten wie Gabriela Mistral und Pablo Neruda, das Land mit der verrückten Geographie zwischen der trockensten Wüste der Welt und der klirrend kalten Antarktis, das Land mit den endlosen Freiheitskämpfen und dem blutigen Militärputsch, der eine ganze Generation fast ebenso geprägt hat wie der Krieg in Vietnam. Sicher ein großartiges Thema, das alle Wege offen hält, vom Gespräch über fremde Kulturen über die Auseinandersetzung mit Politik und Menschenrechten bis hin zur Beschäftigung mit den Gedichten von Literaturnobelpreisträgern.

Aber das mit Chile vergisst er ganz schnell, als die SeelevonMensch eine Weltkarte aufbaut und die jungen Leute zum heiteren Erdkunderaten einlädt. Einige vermuten Chile in der Gegend von Australien, andere in China, weil das auch mit „ch“ anfängt. Britta findet schon die Frage an sich total Scheiße und jemand von den Jungs meint, dass Chile wahrscheinlich irgendwo in Ostdeutschland liegt. Das wäre vielleicht ein guter Anlass gewesen, um eine philosophische Kurzgeschichte über die Begegnung von Erich Honecker mit Augusto Pinochet in einem chilenischen Altersheim zum Besten zu geben, aber Herr F. hat das vage Gefühl, bei diesem Publikum mit solch subtilem Feinsinn nicht durchdringen zu können.

Vielleicht könnte er auch eine nackte, klare und brutale Geschichte über Armut und Gewalt in Südamerika lesen, trotz seiner Zweifel, ob er in dieser Umgebung irgendetwas anderes klares, nacktes und brutales anbringen könnte als ein paar Auszüge aus den viel gelesenen Werken des Kollegen Dieter Bohlen.

Aber diesmal hat er keine Lust. Er ist nicht pingelig, ist hart im Nehmen und vom literarischen Leben gestählt (oder so), hat schon Jedem und Allem was vorgelesen, aber er ist auch ein bisschen stur, wenn es darum geht, einer Tätigkeit Sinn zu verleihen. Er fühlt in seinem Inneren, dass es hier ganz und gar sinnlos wäre, irgendetwas vorzulesen, egal was, weil ihm noch nicht einmal die Pinkelhose zuhören würde. Ein Gespräch bringt mehr, denkt er sich, da kann man auf die Bedürfnisse der Schüler eingehen, und zwar aller Schüler, auch wenn sie extraterrestrischen Ursprunges sind.

Er verlegt sich nun aufs Fragen, weil Schüler das so gewohnt sind. Natürlich fragt er, was die so lesen. „Harry Potter!“, sagt ein schmächtiger Jüngling, der sich bisher hinter einem Tischbein vor der M-Gang versteckt hatte. Keiner weiß, was das ist. Immerhin weiß es die Lehrerin.

Lesen is' aber langweilig, protestiert die M-Gang ins Grundsätzliche hinein. Herr F. übergeht das und fragt weiter. Und was lesen die anderen so? Die Frage dringt nicht recht durch. Herr F. wiederholt sie mehrmals. „Und was lesen Sie denn so?", kommt es zurück. Herr F. verbiegt die Wahrheit ein wenig und nennt Namen, die Deutschlehrerinnen gerne hören. Thomas Mann und so.

Die SeelevonMensch freut sich, aber sie tut es umsonst, weil Herr F. keinen Namen findet, der irgendjemandem was sagt. Aber er hat die M-Gang auf eine Idee gebracht. „Ich hab mal was von Thomas Nuschel-Nuschel gelesen — kennen Sie den?" Murko grinst breit.

Herr F. fragt zurück. NuschelNuschel wird aber nicht deutlicher. Murko hilft weiter: „ich glaub', der wohnt in Wien. Das is' inne Schweiz, nämlich." Herr F. glaubt kein Wort, vor allem nicht geografisch, tut aber sehr interessiert. Mirko und Marko kommen auf den Geschmack und erfinden jetzt auch Nuschelsteller. Irgendwann muss der F. ja drauf reinfallen. Will er aber nicht.

Jetzt sieht Rostan seine Chance. Er meldet sich, das heißt, hier meldet sich eh' keiner sondern man versucht nur, lauter zu brüllen als die anderen. Rostan hat bisher nichts gesagt, nichts inhaltliches, außer grässliche Verbalinjurien in Richtung der Mädchenbänke. Rostan weiß was: „ich lese nur iranische Schreibsteller!“ und macht ein wichtiges Gesicht. „Kennen Sie iranische Schreibsteller?“. „Ja klar,“ behauptet Herr F., „welche hast Du denn so gelesen?“ Rostan ist aber nicht blöde und patzt zurück, er wolle jetzt sofort wissen, wen der Herr F. da so kennt. Herr F. erklärt ihm, besonders die zarte Naturlyrik von Mahmud Ahmadinedschad zu schätzen. Und natürlich die lustigen Satiren von Ruhollah Chomeini. Rostan nickt unsicher — ja klar, die kenne er auch.

Niemand merkt was. Die SeelevonMensch freut sich, dass ihre Schüler wider Erwarten überhaupt lesen und fragt Herrn F., ob es diese Autoren auch auf Deutsch gäbe. Herr F. gerät mental ins Schleudern und wechselt ganz schnell das Thema.

Die Mädchen! Mädchen sind immer die Rettung, wenn es um Bücher geht. Mädchen lesen viel und sind meistens viel weiter als Jungens. Das ist wissenschaftlich erwiesen. Also fragt er die Mädchen.

Die gucken aber nur blöd. Außer Britta, die mit der Pinkelhose einen Ringkampf auf dem Boden aufführt. „So Sachen“, sagt eine endlich. „Was für Sachen denn?“, fragt Herr F. mit verständnisvollem Charme. „Na, so Sachen eben“, sagt sie und zuckt mit den Schultern. Die Fernsehzeitschrift zum Beispiel.

Zeitschrift ist gut, findet Herr F. Ist ja auch irgendwie Lesen. Und erweitert das Thema. „BravoGirl“, sagt eine andere, die bald ein Silikonproblem haben wird, sobald sie zu alt ist, sich Familienpackungen von Tempo in den BH zu stopfen. Na immerhin. Nur kommt er leider nicht dazu, eine Diskussion über die Inhalte der Yellow Press zu führen, weil die linke Seite sich übergangen fühlt. Sie fangen wieder mit dem Nuschel-Namedropping an. Aber es ist langweilig geworden. Die Seelevon-Mensch merkt es und regt andere Fragen an. Man hätte sich doch vorbereitet. „Und ihr habt doch Fragen aufgeschrieben. Hat die denn keiner dabei?“ Nö, keiner hat. Kleine Anbrüll-Runde gegenseitig. Wirklich keine Fragen mehr? Zum Beispiel über Bücher? Oder über fremder Länder, Sitten und Gebräuche? Wie die Leute da so leben. Nein? Wirklich keine Fragen mehr?

„Doch,“ sagt das BravoGirl. „Was heißt eigentlich Kamasutra?“

Herr F. guckt aus den Augenwinkeln zur Lehrerin. Keine Reaktion.

Und da es seine Berufung ist, auf jede Frage eine Antwort zu geben, macht er auf sachlich und sagt, der Sanskrit-Begriff werde gewöhnlich mit „Die Kunst des Liebens“ ins Deutsche übersetzt, bedeute aber wörtlich „Leitfaden der Liebe“.

Das BravoGirl ordnet ihren Gesichtsausdruck exakt in die Mitte zwischen gespielter und echter Naivität. „Und was ist das jetzt genau?“ Herr F. schielt noch einmal zur SeelevonMensch. Aber die lächelt nur selig, weil das Gespräch in Gang kommt. Herr F. denkt sich, dass Lehrerinnen ohne eingebaute Totmannbremse sowieso selber schuld sind und sieht das positive —

immerhin mal eine Frage über ein real existierendes Buch. Und überhaupt sind schon manche Sturmtruppen der infantilen Demenz in den fülligen Fluten seiner Sach- und Fachgeschichten ertrunken.

Herr F. erklärt jetzt alles ganz genau. Ausführlich, druckreif, präzise und mit einem Exkurs in die historische Entwicklung des Sujets sowie seiner medial verzerrten Aufnahme durch die westliche Film- und Pornoindustrie und ihrem verwinkelten Weg über die Bibliotheken und Tabakskabinette der englischen Kolonialherren im frühen 19. Jahrhundert, in die erotische Literatur des späten 19. und frühen 20. Jahrhunderts, von dort in die westliche Hintertreppen-Filmindustrie und später mit dem Aufblühen Bollywoods zurück nach Indien, wo das Kamasutra frühestens im vierten, spätestens aber im sechsten Jahrhundert von einem gewissen Vatsyayana verfasst worden war. Als ein Schulbuch, gewissermaßen. Bei alledem vergisst er selbstredend nicht, einige philosophische aber dennoch lebensnahe Bemerkungen über den Unterschied zwischen Erotik und Pornographie einzustreuen, die er mit Zitaten aus dem Ovid untermauert, womit er die Schleife zur christlich-abendländischen Kultur zieht, die zu jener Sinnesfeindlichkeit und verdrucksten Sexualmoral führte, welche die Pornographie erst zu einer ökonomischen Größe machte und zudem dafür verantwortlich ist, dass das Werk des Kollegen Vatsyayana hierzulande derart missverstanden wird, dass man es wohl leicht im Pornoshop, aber ganz schwer in der Schulbibliothek finden kann.

Herr F. ist fertig und fragt, ob es noch Fragen gibt. Das BravoGirl starrt Herrn F. an, als hätte sich ihr Make-Up in Blitzzement verwandelt. Mirko, Marko und Murko sitzen kerzengerade da wie die Ministranten. Der Schmächtling liegt bäuchlings auf der Tischplatte und fragt sich, wie Harry Potter über sowas denkt. Rostan ballt wütend die Fäuste wegen der Sache mit den iranischen Schreibstellern — er hätte *indische* Schreibsteller sagen sollen, dann wäre er jetzt der Star auf dem Schulhof. Nur Britta hat nix mitgekriegt und versucht unter dem Tisch, ihrer Nachbarin die Pinkelhose gewaltsam überzuziehen.

„Ach wie Interessant!", sagt die SeelevonMensch; „ich habe noch nie von diesem Ramasupram-Buch gehört — wie sagten Sie doch, heißt der Autor?"

Herr F. hatte seit seiner Schulzeit nicht mehr den Impuls verspürt, eine Schulklingel zu küssen, hätte es aber diesmal fast getan; doch da er ein so total cooler Typ ist, lässt er sich nichts anmerken. Er verabschiedet sich höflich und geht hinaus, absichtsvoll mit gesetzten Bewegungen. Aber er wäre am liebsten gerannt wie Rudi das Rennschwein.

Er nimmt sich vor, nicht über das deutsche Schulsystem oder das Leben an sich oder die Sinnhaftigkeit einer Schriftsteller-Existenz nachzudenken, um sich nicht die lange Heimfahrt zu vergällen. Und um nicht auf die Idee zu kommen, seinen Hund auf Dobermann umzuschulen und ihn künftig als Hilfspädagogen mitzunehmen. Nicht-nachdenken ist manchmal die beste Lösung von allen.

Er atmet tief ein, zündet sich eine Zigarette an und stellt sich vor, wie schön es wäre, ein Boot zu bauen, um die Welt zu umfahren, ohne irgendwo anzukommen — vor allem nicht in dieser Welt. Oder im deutschen Schulsystem.

Urs M. Fiechtner

Toltekisches Vermächtnis

Nach einem Fragment von Nezahualcóyotl (1402-1472), vermutlich ein Lehrgedicht für Künstler aus seiner Universität in Tezcoco, Mexiko

Der Künstler ist immer lernbegierig
ist reichhaltig und umfassend
ist vielfältig und unruhig.
Der wahre Künstler ist fähig, geschickt
er schult sich selbst
er hält Zwiesprache mit seinem Herzen
und findet die Dinge mit seinem Geist.

Der wahre Künstler holt alles aus
seinem Herzen und seinem Geist. Alles.
Er arbeitet mit Lust. Er fügt die Dinge
mit Ruhe, mit Behutsamkeit
er arbeitet wie ein Tolteke
sorgfältig geformt ist sein Werk
er ist ein Schöpfer des Neuen
er ordnet die Dinge
er macht sie schöner
er fügt sie zusammen.

Der Mensch muss sein wie dieser Künstler
sein Leben formen, es gestalten
wie ein Gedicht. Behutsam. Sorgfältig.
Nicht einherschwatzend
wie ein einfältiger Wanderer
dem Zufall ergeben
der grauen Beliebigkeit.
Sondern suchend und unruhig, mit Lust
vielfältig, lernbegierig in Liebe, und stetig
ein Schöpfer des Neuen: seiner selbst.

Denn Überleben ist Handwerk
aber das Leben ist Kunst.

Die Liebe muss sein wie die Kunst
wie der Mensch, denn diese
sind voneinander geboren.
Sie ist immer unruhig. Immer.
Sie ist lernbegierig
und aus sich selbst immer neu.
Sie ist aus der Familie der Suchenden
und findet sich mit dem Herzen
und hält Zwiesprache mit der Vernunft.

Sie ordnet die Dinge.
Sie macht uns schöner.
Sie fügt alles zusammen.

Urs M. Fiechtner

Eine unangenehme Begleiterscheinung

Bücher haben bekanntlich auch ihre unangenehmen Begleiterscheinungen. Etwa das kommerzielle Gedödel drumrum. Oder Brösel im Bett. Oder Kopf- und Augenweh bei Leseratten. Oder Pädagogenphobie im Deutschunterricht. Oder. Oder. Oder. Jeder Autor weiß das und kann lange Elegien darüber singen. Oder verursachen.

Eine der unangenehmsten Begleiterscheinungen eines Buches ist jedoch der Autor selbst. Dazu verurteilt, sein Werk, sein wichtiges, wohlwollend zu würdigen — denn wie sonst sollte er es einem Verleger andrehen — würdigt er in einem wahnhaften Analogieschluss wohlwollend sich selbst und hält sich für wichtig. Von nun an hält er die Autobiographie für die Mutter allen Schreibens und sich selbst für das Loch in der Langspielplatte, um das alle Literatur sich dreht.

Sollte es ihm aus irgend einem Grunde einmal misslingen, sein Werk zu einem einzigen, kaugummiartig in die Länge gezogenen Selbstportrait zu formen, so schreibt er im Notfall ganz viele kurze, die ihn von vielen Seiten zeigen, weil er ja so vielseitig ist oder weil ihm zum Beispiel bei einer Lesung kein Schwein länger als unbedingt nötig zuhören will oder das Fernsehen ihm wieder mal nur 90 Sekunden einräumt, auch wenn er vor Wut über die auferlegte Kürze anfallsweise in die Tastatur beißt.

Warum aber sollte es irgend jemanden drängen, alles über die Person des Autors zu wissen? Was sollen uns die erschöpfenden Auskünfte über die Hersteller der Werke sagen? Werden sie denn anders, die Werke, wenn wir alles über ihre Verursacher wissen. Verständlicher? Besser? Womöglich wichtiger? Nö. Sie werden höchstens verzeihlicher.

Und genau darauf legt der Autor es an. Er hat es versäumt, seinem Text die Transparenz und stringente Präzision zu verleihen, die das Wort braucht, um überleben zu können unter all dem Gerede. Er hat es nicht vermocht, seiner Intention gerecht zu werden und die Dinge des Lebens, so wie er sie sah, vollständig in oder zwischen seine Zeilen zu schreiben. Er hat es nicht gekonnt, hinaus zu treten in die Welt und sie so mitzunehmen wie sie ist, nämlich immer größer und aufregender und spannender als er selbst.

Folglich hebt der Autor nun an, ersatzweise viele Worte über sich selbst zu produzieren. Und damit sein Werk zu kommentieren und es zu erklären und somit zu rechtfertigen.

Dies alles aber ist Aufgabe des Textes. Er muss sich selbst erklären können, ohne um Verständnis zu betteln. Er muss erwachsen werden und alleine überleben können, ohne Fuchteleien aus dem Hintergrund, ohne Getue und Aufblaserei. Und er muss so breite Schultern bekommen, dass der Autor dahinter verschwinden kann.

Falls seine Eitelkeit es zulässt, wird der Autor das stille Plätzchen hinter seinem Werk bald ganz angenehm finden. Denn er wird feststellen, dass seine Bücher dann weiterhin in der Buchhandlung käuflich sind. Nicht aber er selbst.

Urs M. Fiechtner

Dazugelernt

Nun endlich habe ich dazugelernt:
Ich werde nie dazu gehören.
Ich werde nie ein Kind sein dieser Zeit.

Ich werde immer die falschen
Schlachten schlagen. Ich werde mein Pferd
jagen gegen Raketenstaffeln.
Ich werde mit Mozart
gegen den Polizeiminister argumentieren.
Ich werde den Eifer der Geschäftemacher
aus meiner Tür kehren.

Ich werde still sein, während alle reden und
leise im Lärm. Ich werde meinen Hund und
meine Katze den Königspfauen und
Richterpavianen vorziehen.
Ich werde auf polierten Empfängen
die falschen Schuhe tragen.

Ich werde ungelenk sein auf dem Spielplatz
der Beliebigkeit und verständnislos
in der Konversation.

Ich werde von Volkshochschulkursen
kreativ zugetöpfert werden.
Ich werde versehentlich
die Flanke der Idioten decken.

Der Kalender wird über mich grinsen.
Meine Niederlagen werden zahllose sein.

Doch weil es nicht die Niederlagen sind
die zählen, und nicht
ein Ausschnitt nur der Zeit
oder der eine Halt auf langer Fahrt
Weil es keine Gründe gibt
außer der Zukunft, diesem Baum
Und weil die Freiheit
der schönste Baum ist, der träumt
in seinem Stamm Liebe
und Zorn zu vereinen

Deshalb werde ich
den Gang der Jahre ignorieren
Und immer weiter Abenteuer suchen
und unentdeckte Worte, und Niederlagen

Und die Fingerspur
unserer winzigen Siege.

Epilog

Dr. Cornelia Gräbner

Dichtung im Hier und Heute:

Die Konzertlesungen von Urs M. Fiechtner und Sergio Vesely als politisch-kulturelle Irritation[1]

„Dichtung im hier und heute?" könnte man fragen, „Wann soll die Dichtung denn sonst existieren? Gibt es auch Dichtung in der Vergangenheit? Gibt es auch Dichtung im morgen? Was genau ist gemeint mit dieser Bezeichnung ‚Dichtung im hier und heute?'"

Die etwas merkwürdige Formulierung ist natürlich keinesfalls unabsichtlich — wie sollte es bei einem von einer Literaturwissenschaftlerin verfassten Artikel über Dichtung auch anders sein. Die Formulierung „Dichtung im hier und heute" spielt auf einen sehr besonderen Aspekt von Dichtung an, der von der Literaturwissenschaft und der Literaturkritik oft nicht als solcher verstanden wird, und der, selbst wenn er als Teil der Dichtung verstanden wird, bisher wenig durchdacht, analysiert und reflektiert worden ist. Ich beziehe mich

---

[1] Ein akademischer Artikel ähnlichen Inhalts wurde unter folgendem Titel und an folgender Stelle publiziert: Gräbner, C. (2012). Public poetry performances of the 1970s and 1980s: Reconsiderations of Poetic Licence. In Pons, M. (Ed.), *Lírica i deslírica. Anàlisis i propostes de la poesia d'experimentació*. Palma de Mallorca: University of the Balearic Islands Press. 141-160

auf den Vortrag.[2] Wenn wir über den Vortrag von Dichtung sprechen oder lesen, so scheint dieser etwas zu sein, was zusätzlich zu dem Gedicht stattfindet: Das Gedicht, so wie wir es auf der Buchseite vorfinden, ist eigentlich schon komplett. Der Vortrag ist nur ein zusätzliches Sahneschnittchen für die Leser, die sich dem Dichter plötzlich Auge in Auge gegenüber sehen, oder der Vortrag ist eine Werbemaßnahme, damit sich ein Buch besser verkauft. „Dem ist aber nicht so!", werden mir jetzt viele Kollegen entgegenhalten und ganz korrekt auf die vielfältigen Traditionen der mündlichen Überlieferung verweisen. Beispiele sind die mündlich überlieferten Dichtungen aus Afrika, aus der Karibik und aus vielen Ländern Lateinamerikas, sowie die Dichtung der alten Griechen und die volkstümliche Überlieferung Europas. In der mündlichen Überlieferung funktioniert Dichtung anders als in der geschriebenen Form, an die wir uns heute in Europa schon längst gewöhnt haben. Die mündliche Überlieferung betont besonders

---

[2] Der Begriff „Vortrag" entspricht ungefähr dem Englischen „performance". Diese Übersetzung ist zwar nicht zufriedenstellend, kommt aber in diesem speziellen Fall dem am nächsten, was mit „performance" gemeint ist. In dem ursprünglichen Artikel benutze ich den Begriff „performance" als einen Brückenbegriff zwischen dem, was mit Vortrag oder Vorstellung im Sinne des Theaters gemeint ist, und dem Begriff der Performativität, der sich auf die Replikation und auch die mögliche Infragestellung sozialer Normen bezieht. Die „performance" von Dichtung ist also häufig weniger eine Vorstellung im Sinne einer Theatervorstellung, sondern versucht, das soziale Dasein des Dichters zum Ausdruck zu bringen.

die Aspekte von Dichtung, die dem Gedächtnis des Vortragenden behilflich sind und die das Gedicht zum Klingen bringen. Reimschemata und Metrum sind in der Regel strikt festgelegt und häufig wird gemeinsam mit Musikern vorgetragen.

Der Einwand meiner Kollegen wäre also völlig berechtigt. Deshalb muss ich genauer definieren, warum der Vortrag in der modernen und zeitgenössischen Dichtung häufig als Zusatz zum bereits fertigen Gedicht gilt. „Modern" und „zeitgenössisch" machen bereits einen Teil der Antwort aus. Ich beziehe mich nämlich auf Dichtung, die sich aus einer westlichen Tradition der Dichtung entwickelt hat. Im 19. und 20. Jahrhundert wurde Dichtung mehr und mehr als ein Ausdruck der Innerlichkeit des Dichters definiert. Durch Dichtung sollte sich der Leser mit seiner eigenen Subjektivität auseinandersetzen und es wurde — und wird — weitgehend angenommen, dass dies nur in der Privatsphäre des Lesers geschehen kann, keinesfalls aber durch direkte Interaktion mit dem Dichter oder mit anderen Lesern. Ein Gespräch wäre zu schnell, ließe zu wenig Zeit zum Nachdenken. Und Dichtung, die auch Geräusche macht, wird von vielen ans Lesen gewöhnten Zeitgenossen als störend oder oberflächlich empfunden.

Wer einmal eine der Konzertlesungen von Urs M. Fiechtner und Sergio Vesely gehört und gesehen hat weiß bereits, dass dem nicht so ist. Ihre Dichtung ist nicht laut, sie ist auch nicht zu schnell, sie ist sicher nicht oberflächlich, aber sie hält sich auch nicht, wie die mündliche Überlieferung, an vorgeschriebene Reimschemata und Metren, die einer bestimmten sozialen und kulturellen Praxis zugeordnet sind. Es muss also, und hier kommen wir nun zum Ausgangspunkt meines Artikels, noch eine weitere Art der Dichtung geben, die weder in die traditionellen Formen der mündlichen Überlieferung passt, noch in das auf Innerlichkeit bedachte Konzept der modernen Dichtung.

Ein solcher Ansatz begann sich in den 1950er- und 1960er-Jahren zu entwickeln und erreichte Ende der 60er-Jahre einen ersten Höhepunkt. In den USA behaupteten die *Beat Poets*, dass Sprache klingen muss. Der afroamerikanische Dichter Amiri Baraka arbeitete mit Jazz-Musikern und drückte durch die Verbindung von Klang und Sprache die spezifische Lebenserfahrung der Afroamerikaner aus. Ende der 60er und Anfang der 70er-Jahre bauten andere Dichter auf dieser Perzeption von Dichtung als Verknüpfung zwischen Kreativität, Gruppenidentität und politischer Militanz auf. Meiner Ansicht nach entwickelt sich zu diesem Zeitpunkt das, was heute als „spoken word poetry“ oder „performance poetry“ bekannt ist: Dichtung, die durch die Integration von Musik und anderen klanglichen Mitteln ihre eigentliche Wirkung erst im Vortrag entfaltet, die häufig eine spezifische Gruppenidentität zum Ausdruck bringt, die dementsprechend den Dichter als seinem sozialen Kontext verhaftet und nicht als darüber stehend positioniert, und die nicht nur über die Sprache selbst reflektiert, sondern über das Verhältnis zwischen Sprache und

Rhythmus, Musik und Klang. Das heißt, dass sich die „performance poetry“ ihrer Umgebung sehr bewusst öffnet; Subjektivität des Dichters und des Lesers werden nicht mehr im stillen Kämmerlein entwickelt, sondern in der Auseinandersetzung mit dem, was die Sprache umgibt und mit denen, die den Dichter als Person umgeben.

Passen Fiechtners und Veselys Konzertlesungen in diesen internationalen Zusammenhang? Meine Antwort wäre ein gleichzeitiges Ja und Nein. Viele der oben aufgeführten Charakteristika treffen sowohl auf die „performance poetry“ als auch auf Fiechtners und Veselys Arbeit zu. Und doch stellen Fiechtner und Vesely einige Kennzeichen der „performance poetry“ auf den Kopf. Anstatt ihre Zugehörigkeit zu einer bestimmten Kultur hervorzuheben, positionieren sie sich zwischen verschiedenen kulturellen Gruppen. Anstatt Dichtung und Musik in einem Text miteinander zu verbinden, scheint das Format der Konzertlesung Dichtung und Musik vergleichsweise klar zu trennen: Immerhin wechseln sich die beiden Künstler in der Regel ab. Doch hört man schnell, dass Sprache und Musik einander tragen, beeinflussen und einfärben. Ein weiterer Unterschied zu vielen Vertretern der „performance poetry“ ist die klare Trennung der zwei Sprachen, in denen sie arbeiten. Es gibt zahlreiche Performance-Dichter, die zweisprachig arbeiten, die bekanntesten unter ihnen sind vielleicht die Chicanos. Im Werk dieser Dichter fließen die beiden Sprachen ineinander, sodass ein Satz durchaus verschiedene Sprachen enthalten kann. Auf diese Art und Weise demonstrieren die Chicanxs[3], dass ihre Dichtung in einem Grenzbereich der persönlichen und kulturellen Identität existiert. Fiechtner und Vesely trennen Deutsch und Spanisch klar voneinander. Und doch färben die beiden Sprachen einander klanglich ein. So untersuchen die beiden Künstler, ähnlich wie sie es mit Musik und gesprochener Sprache tun, ständig das Verhältnis der zwei eigenständigen Sprachen zueinander, ohne sie kritiklos miteinander zu vermischen.

Ich möchte nun einige Aspekte der Konzertlesungen genauer unter die Lupe nehmen, und zwar solche Aspekte, die es erlauben, die Besonderheit des Vortragsformats „Konzertlesung" innerhalb der internationalen Landschaft der „performance poetry" besser einzuordnen und zu verstehen. Ich werde mich hier auf drei Aspekte konzentrieren, die alle mit der Interkulturalität der „performance poetry" generell und der Konzertlesungen im Besonderen zu tun haben.

Akzente werden außer Kraft gesetzt

Ich habe bereits gesagt, dass in der „performance poetry" die kulturelle Herkunft des Dichters und gegebenenfalls auch des Publikums betont wird. Weiterhin habe ich gesagt, dass eine Besonderheit von Fiechtners und Veselys Arbeit ist, dass sie sich zwischen zwei Kul-

[3] Chicanxs sind in den USA lebende mexikanische Einwanderer (Chicanas und Chicanos).

turen positionieren. Der Akzent eines Künstlers bietet einen möglichen Ausgangspunkt, um die Konstruktion dieser Konstellation in den Konzertlesungen besser zu verstehen.

Das gesprochene Wort betont den Akzent und die eigene Sprechweise, Intonation und Rhythmik des Sprechers. Dies wird in der „performance poetry" häufig dazu benutzt, um die kulturelle Zugehörigkeit des Sprechers zu betonen. Im Werk Fiechtners und Veselys hat der Akzent einen gegenteiligen Effekt: Beide Sprecher werden durch ihre Sprechweise kulturell dekontextualisiert. Vesely spricht und singt mit einem chilenischen Akzent und beherrscht die deutsche Sprache perfekt. Was Fiechtner betrifft, so glauben viele Deutsche, die Aufnahmen von ihm hören ohne ihn zu sehen, im ersten Moment einen Akzent zu erkennen, den sie aber nicht zuordnen können. Nachdem sie der Aufnahme eine Weile zugehört haben, kommen sie meistens zu dem Schluss, dass sie sich anfänglich getäuscht hatten, dass Fiechtner nur besonders deutlich spricht und in dem Sinne keinen ausländischen Akzent hat. Mir erscheint die spontane Reaktion der Zuhörer aber nicht ganz falsch. Fiechtner hat tatsächlich einen Akzent, allerdings keinen „Akzent" im herkömmlichen Sinne. Die Musikalität der spanischen Sprache hat seine Version der deutschen Sprache so stark beeinflusst, dass das Spanische Fiechtners Deutsch einen warmen und melodiösen Klang verleiht. Nur wenige Deutsche sind an ein warmes und melodiöses Deutsch gewöhnt. Daher entsteht zunächst der Eindruck, dass an Fiechtners Deutsch irgendetwas seltsam oder fremd ist, und viele Zuhörer ziehen daraus den Schluss, dass er einen Akzent haben muss. Hier stoßen wir auf einen problematischen Aspekt des Ausdrucks „Akzents". Ein Akzent deutet auf etwas seltsames oder fremdes hin, das heißt auf eine Abweichung von der „Norm". Wenn man eine bestimmte Art zu sprechen als Akzent wahrnimmt, bedeutet dies aber, dass es eine weitgehend akzeptierte Norm oder ein Original gibt. In Fiechtners und Veselys Konzertlesungen stellen die beiden Künstler diese Idee so weitgehend in Frage, dass sie sie am Ende außer Kraft setzen.

Ich werde dies anhand eines Textes der beiden zeigen. Eigentlich besteht eine Konzertlesung aus einer Serie von Übersetzungen. Von Vesely verfasste und vorgetragene Lieder wechseln sich mit von Fiechtner verfassten und vorgetragenen Gedichten ab, aber auch mit von Fiechtner verfassten und von Vesely vertonten Gedichten, und mit von Vesely verfassten und von Fiechtner ins Deutsche übersetzten Gedichten. In der Konzertlesung existieren die originale und die übersetzte Version eines Texts gleichberechtigt nebeneinander. Ein Beispiel ist die Sequenz „Lied der Farben" und „Colores" in der Konzertlesung „Inmitten von Allem." Der ursprüngliche Text ist „Colores", verfasst von Vesely. Fiechtner übersetzte diesen Text ins Deutsche. Seine Übersetzung hält sich nicht an jedes einzelne Wort von Veselys Text, aber sie erhält die Bildersprache und die Metaphern. Sie erhält auch den Rhythmus und den Ton des Gedichts und, wo notwendig, ändert sie den genauen Wortlaut um diese zu erhalten. Das Ergebnis ist eine deutsche Fassung von „Colores", die in dem Buch, in dem sie ursprünglich publiziert wurde, als gemeinsam verfasster Text erscheint. Auf diese Art und Weise stellen Fiechtner und Vesely die Idee eines „authentischen" Textes, der in eine andere Sprache „übertragen" wird, in Frage, denn Original und Übersetzung sind einander gleichberechtigt und häufig nicht als das eine oder andere erkennbar.

In einer solchen Konstellation wird ein „Akzent" irrelevant. In Fiechtners und Veselys Werk hat jeder einen Akzent, eine Person oder ein Text können sogar mehrere haben. Daher gibt es keine Norm und kein Original. Maßgebend ist die Sprache, die in einem Dialog zwischen zwei Menschen aus verschiedenen Kulturen die Verständigung ermöglicht, und zu der beide gleichermaßen beitragen.

Den Akzent als analytische Kategorie durchweg abzulehnen würde aber bedeuten, das Kind mit dem Bade auszuschütten. Akzente sind nämlich auch Spuren. Sie weisen auf Erfahrungen in der Vergangenheit hin, die in der Gegenwart von größter Wichtigkeit sein können. Es scheint mir daher nicht sinnvoll, einen Begriff, der es uns ermöglicht, die Spuren der Vergangenheit in der Sprechweise eines Menschen zu benennen, einfach über Bord zu werfen. Sinnvoller wäre es, einen neuen Begriff zu finden, durch den wir die Präsenz der Vergangenheit in der Gegenwart der Sprache und Sprechweise eines Menschen definieren können, ohne implizit ein normatives System gutzuheißen. Der Begriff der „Spur“ wäre ein solcher geeigneter Begriff.

Eine Spur ist ein Zeichen, das von etwas oder von jemanden, der bereits der Vergangenheit angehört, hinterlassen wurde. Eine Spur stellt daher eine Verbindung zwischen Vergangenheit und Gegenwart her, indem sie Zeugnis von den Ereignissen der Vergangenheit ablegt und die Folgen der Vergangenheit in der Gegenwart zeigt. Die Akzente von Fiechtner und Vesely sind unter anderem Spuren ihrer Erfahrungen in der Vergangenheit und sind Zeichen des Einflusses, den die Geschichte anderer Länder und die in anderen Ländern gemachte Erfahrungen auf ihre Gegenwart haben, ebenso wie auf unsere.

Tradition des Vormärz

Ein weiteres wichtiges Kennzeichen des Vortrags von Dichtung ist seine Bindung an das Hier und Jetzt, das heißt an den Ort und den Zeitpunkt des Vortrags, und an das Hier und Heute, das heißt an den soziopolitischen Kontext des Vortrags. Im Verständnis Fiechtners und Veselys — und hier liegen sie mit vielen „performance poets“ auf einer Linie — kann Dichtung nicht von der Gesellschaft oder den Gesellschaften, in denen sie entstand, getrennt werden. Gehalt und dichterische Form sind beide gleich wichtige Reaktionen auf den

Kontext des Gedichts. Die Form des Gedichts kann sogar in mancherlei Hinsicht ausdrucksstärker sein als der Inhalt, bringt sie doch wie im Fall der „performance poetry“ und der Konzertlesungen ein alternatives Konzept von Dichtung zum Ausdruck, das mit elitären und autoritären Denkstrukturen und Kulturvorstellungen in Konflikt tritt.

Diese Vorstellung von Dichtung ist aber nicht neu. In ihrem eigenen Werk deuten Fiechtner und Vesely an, dass sie sowohl auf lateinamerikanische als auch auf deutsche dichterische Traditionen zurückgreifen. Im Fall der deutschen Tradition handelt es sich um eine Strömung, die im Vormärz und in der Revolution von 1848 mit Dichtern wie Büchner, Heine und Herwegh einen kreativen Höhepunkt erreichte. Bereits diese Dichter sahen ihre Arbeit nicht als einen Beitrag zum Kulturschatz einer kulturellen Elite oder nur als einen Ausdruck ihrer eigenen Innerlichkeit. Georg Herwegh skizziert seine Auffassung von Dichtung so:

> „Jedes Schneegänschen soll man besingen dürfen, und die Freiheit nicht? Alberne Vorwürfe, die man der sogenannten politischen Poesie macht! Kann sie doch die ganze Glut der erotischen Poesie beibehalten und daneben eine weit größere Fülle von Gedanken offenbaren. Politisch ist die

> Luft, die wir einatmen, politisch muss die Luft sein, die wir ausströmen".[4]

Laut Herwegh kann man Liebeslyrik und politische Dichtung nicht streng voneinander trennen, denn beide werden von der Einstellung inspiriert und getragen, die Herwegh „Glut" nennt. Doch Herwegh geht noch weiter: Er sagt nämlich, dass „Glut" und Gedanken nicht voneinander zu trennen sind, sondern dass sie einander beeinflussen. So werden weder Liebe und Politik, noch Leidenschaft und Gedanken in Herweghs Dichtung als Gegensätze aufgefasst. Im Gegenteil: Dichtung, die Liebe und Politik, also Leidenschaft und Gedanken, gleichermaßen darstellt und anspricht, bringt verschiedene Aspekte der menschlichen Erfahrungswelt in ihrer Untrennbarkeit voneinander zum Ausdruck. Eine solche Dichtung reduziert weder Dichtung noch das menschliche Wesen zu nur einem Teil dessen, was seine Erfahrung ausmacht und es als menschliches Wesen erkennbar macht. Stattdessen versuchten Herwegh und ihm Gleichgesinnte, in ihrer Dichtung die Komplexität des menschlichen Denkens und Fühlens zum Ausdruck zu bringen. Dazu gehört auch, dass das menschliche Wesen sozial geprägt ist, sich politisch zum Ausdruck bringt und daran wächst.

Herweghs Popularität in den 1840er-Jahren zeigt, wie intensiv solche Dichtung die Menschen vielleicht

[4] Krausnick, Michael, *Die Eiserne Lerche*. Baden-Baden: Signal, 1990, 28 f.

besonders in Krisenzeiten anspricht. Seine Auffassung von Dichtung, ebenso wie seine Popularität, machten ihn zu einer Gefahr für die Mächtigen, und er erlitt dasselbe Schicksal wie andere dem Volk zugewandte Dichter: Sie mussten ins Exil gehen und ihre Dichtung wurde verboten. Seltsamerweise ist seither keiner dieser Dichter als Volksdichter reklamiert worden. Eine Richtung in der Literaturwissenschaft interpretiert das Werk der Vormärz-Dichter als Teil der etablierten literarischen Tradition — sicherlich mit der gut gemeinten Absicht, ihnen den Platz in der Literaturwissenschaft zu erobern, der der Qualität ihres Werks entspricht. Deshalb richtet sich das Augenmerk dieser Literaturwissenschaftler stärker auf die introspektiven und formalen Aspekte der Vormärz-Dichtung. Eine andere Richtung der Literaturwissenschaft konzentrierte sich in ihren Analysen auf den revolutionären Inhalt der Gedichte und auf das persönliche politische Engagement der Dichter. Vernachlässigt wird der eigentlich revolutionäre Aspekt vieler Vormärz-Gedichte, nämlich die Gleichberechtigung von Form und Inhalt. Diese meiner Meinung nach unhaltbare Trennung hat es den Kritikern ermöglicht, den politischen Kontext, die Form und den Inhalt der Gedichte getrennt voneinander oder in mehr oder minder willkürlichen Kombinationen miteinander zu betrachten. Analysen, die eine solche Trennung vornehmen, interpretieren die Gedichte letztlich als politische Kommentare, als rein formale Kunstwerke, oder als Ausdruck einer heldenhaften Subjektivität des Dichters.

Interpretationen, die aus dieser letzten Linie hervorgehen, stellen den Dichter als eine dem Volk überlegene Gestalt dar und wiederholen so autoritäre Modelle, die Dichter wie Herwegh eigentlich ablehnten. Keine dieser Interpretationen wird den Vormärz-Dichtern und ihrem Werk letztendlich gerecht.

Für viele — wenn auch bei weitem nicht alle — lateinamerikanischen Dichter hat ihre Entfremdung von der herrschenden Gesellschaftsform nicht zu einer Entfremdung vom menschlichen Wesen an sich geführt. Sie nehmen das menschliche Wesen getrennt von den herrschenden Gesellschaftsformen wahr, als das Opfer dieser Strukturen oder in Opposition zu ihnen. Diese positive Einstellung dem menschlichen Wesen gegenüber erlaubt die Entwicklung eines dichterischen Raumes, in dem die zuvor entfremdeten und unterdrückten Stimmen, das heißt diejenigen, die als „Fremde“ oder „Andere“ eingestuft waren, auf dem Wege der Dichtung neu artikuliert und gehört werden können. Das betrifft zum Beispiel die Indigenen oder die Unterschichten oder, in den Worten Ernesto Cardenals, „die Gemeinschaft der Schatten“. In diesem Raum wird der Dichter zum Sprecher für andere. Als solcher muss er zwingenderweise innerhalb eines Kollektivs integriert sein. Dies führt allerdings nicht zum Verlust der Subjektivität des Dichters, wie dies in Europa häufig behauptet oder erlebt wurde. Dichtung „kann und muss die komplexe Spezifizität und historische Erfahrung ausdrücken, das Individuum als Konfliktfeld solcher Kräfte, und daher

— und vor allem — die Dynamiken von Wandel und Veränderung.[5] In anderen Worten: Der Dichter teilt mit den Menschen vor allem das Bewusstsein, dass das persönliche Leben aller ein Schlachtfeld der Geschichte ist. Trotzdem bleibt es immer ein Bereich des Individuums. Ein solches Verständnis des Verhältnisses zwischen Privatem und Öffentlichem führt dazu, dass dieses Verhältnis nie letztendlich festgelegt wird. Im Gegenteil: Das Verhältnis zwischen Subjektivität und Öffentlichkeit wird ständig neu durchdacht und neu konstruiert. Dichtung wird „zu dem Ort, an dem neue Beziehungen, neue Möglichkeiten, neue Formen des Kampfes ausprobiert werden, und oft, im besten Fall, eine bewegende Forderung, das Selbst in der Rekonstruktion der Welt zu finden.“[6]

In seinem 1976 erschienen Artikel „La defensa de la palabra“ („Verteidigung des Wortes“) erklärt der uruguayische Schriftsteller Eduardo Galeano, wie genau ein Schriftsteller zur „Rekonstruktion der Welt“ beitragen kann. Galeano schreibt:

> „Wenn wir die unvermeidbare Kontinuität zwischen der Zeit der Beherrschung und der Zeit der Befreiung auf jedem Gebiet der gesellschaftlichen Entwicklung anerkennen, warum sollten wir dann die Bedeutung der Literatur und ihrer mögli-

[5] Gonzalez, Mike und David Treece, *The Gathering of Voices*. London, New York: Verso, 1992, xv

[6] ebd.

> chen revolutionären Funktion für die Erforschung, Offenlegung und Verbreitung unserer wahren Identität oder ihres Entwurfes leugnen? Der Unterdrücker möchte, dass der Spiegel dem Unterdrückten nur einen verschmierten Fleck zurückwirft. Welchen Wandlungsprozess kann ein Volk einleiten, das weder weiß, wer es ist, noch woher es kommt? Wenn es nicht weiß, wer es ist, wie kann es dann wissen, was es zu sein verdient? Kann die Literatur nicht direkt oder indirekt zu dieser Entdeckung beitragen?“[7]

Der Schriftsteller soll also eine andere, alternative Identität vermitteln. Dieser soll er sich allerdings nicht alleine ausdenken, sondern sie muss im Volk entwickelt werden:

> „Zum großen Teil hängt die Möglichkeit des Beitrags vom Grad der Intensität ab, mit der ein Schriftsteller mit den Wurzeln, Wegen und der Bestimmung seines Volkes in Kontakt steht. Ebenso von seiner Fähigkeit den Herzschlag, den Klang und

---

[7] Galeano, Eduardo (2002) [1976] „La defensa de la palabra“. *El tigre azul y otros artículos.* La Habana: Editorial de Ciencias Sociales, 3-14

> den Rhythmus der authentischen, neu aufkommenden Gegenkultur wahrzunehmen.“[8]

Der Schriftsteller kann die gemeinsam entwickelten alternativen Modelle von Identität dann in Sprache umsetzen. Das Medium der Dichtung eignet sich vielleicht besonders dafür, weil es nicht nur über Inhalte reflektiert, sondern auch sehr gezielt darüber, wie solche Inhalte vermittelt werden. Ein wichtiger Punkt in Galeanos schriftstellerischem Programm muss aber heute aufgrund der veränderten Gegebenheiten neu durchdacht werden. In seinem Artikel von 1976 stellt Galeano kulturelle „Identität“ nämlich als relativ einheitlich dar. Seitdem gehen wir von einer breiteren Fächerung von vielschichtigen Identitäten aus, die durch die Interaktion mit anderen gekennzeichnet sind. Diese Vielschichtigkeit und Komplexität von kulturellen Identitäten wird durch einen weiteren Aspekt der Konzertlesungen thematisiert: Durch ihre Interkulturalität.

Der interkulturelle Dialog

Was genau haben wir unter Interkulturalität zu verstehen, und noch genauer: Was genauer versteht man unter Interkulturalität in einer Konzertlesung? Material genug gibt es offenbar: Zwei verschiedene Sprachen, Musik und gesprochenes Wort, und die deutschen und lateinamerikanischen literarischen und dichterischen Traditio-

---

[8] a. a. O., 9

nen. Ich habe auch schon angedeutet, dass es in den Konzertlesungen nicht um die Darstellung einer friedlichen Koexistenz all dieser Einflüsse geht, sondern um ihre kritische Interaktion. Fiechtner und Vesely sehen in dieser kritischen Interaktion den Unterschied zwischen Interkulturalität und Multikulturalität:

> „Über die Autorengruppe79, besonders über Fiechtner und Vesely, ist oft geschrieben worden, ihre Zusammenarbeit sei ‚bereits im besten Sinne multikulturell und wie selbstverständlich' gewesen, ‚lange bevor der Begriff in aller Munde war'. Das mag sein, je nachdem, welche der vielen Bedeutungen des Wortes man gerade unterlegt. Doch für sich selbst und die Arbeit der Autorengruppe ziehen Fiechtner und Vesely den präziseren Begriff der interkulturellen Zusammenarbeit vor, der nicht die unkritische, gelegentlich ins beliebige rutschende Vermengung oder die schiere ‚bunte Vielfalt' meint, sondern die pointiert gewählte Auseinandersetzung und den gewählten Dialog."[9]

Multikulturalität wird hier als eine kritiklose Vermischung verschiedener Kulturen verstanden, während „interkulturelle Zusammenarbeit" erstens Kooperation

---

[9] Aus einer Pressemitteilung der autorengruppe79.

und zweitens eine gewisse produktive Trennung der Kulturen als Respekt für das Andere beinhaltet. Um besser zu verstehen, was genau wir uns unter diesem „pointierten Dialog“ der „interkulturellen Zusammenarbeit“ vorzustellen haben, werde ich zuerst eine Sequenz aus einer Konzertlesung analysieren. Diese Sequenz stammt aus einer eigentlich untypischen Lesung, die im März 2003 in Amsterdam stattfand. Diese Lesung war deshalb untypisch, weil sie kein thematisches Programm hatte, sondern als Einführung in das gemeinsame Werk der beiden Dichter gedacht war. Trotzdem ist diese Sequenz, bestehend aus Veselys Vertonung von Ludwig Pfaus Gedicht „Die deutschen Flüchtlinge“, verfasst 1849, und Fiechtners Gedicht „Die Ruinen unserer Häuser“, typisch für das Werk der beiden. Hier zeigen sich nämlich die Verbindungen, die zwischen Vergangenheit und Gegenwart hergestellt werden, ebenso wie die Integration von lateinamerikanischen und deutschen Einflüssen miteinander.

Pfaus Gedicht richtet sich an ein nicht-deutsches Publikum und erklärt seinen Adressaten die Situation der deutschen Flüchtlinge, die nach der Niederschlagung der Revolution von 1848 ihre Heimat verlassen mussten. In der ersten Strophe vermittelt Pfau ein Bild der deutschen Flüchtlinge: Verarmt und gezeichnet verlassen sie ihre Heimat. Sie tragen die Not der Daheimgebliebenen tief in ihrem Herzen verwurzelt, sind also trotz ihrer erzwungenen körperlichen Abwesenheit mit ihrem Volk zutiefst verbunden. Die zweite Strophe behandelt das Exil. Pfau spricht von Entwurzelung, Heimweh, Depression, und der Unfähigkeit der Exilanten, in einem fremdem Land etwas mit sich selbst anzufangen. In der letzten Strophe erklärt Pfau, dass die Flüchtlinge, wären sie bereit gewesen, ihren Wunsch nach Freiheit und ihren Stolz aufzugeben und sich dem Regime als unterwürfige Diener zur Verfügung zu stellen, zu Hause ein ruhiges und bequemes Leben hätten führen können. Doch vor die Wahl gestellt, entschieden sie sich für die Forderung nach Gerechtigkeit und Freiheit. Daher würde eine Rückkehr in die Heimat eine Rückkehr ins Gefängnis bedeuten. Pfau schließt jede Strophe mit der Bitte um Milde für die deutschen Bettler.

Das Lied beginnt mit den gepfiffenen Anfangstakten der deutschen Nationalhymne. Die Technik des Pfeifens entfremdet die dem Zuhörer überbekannte Melodie; man hört die Nationalhymne von Chören am Nationalfeiertag oder gesungen von Massen bei Fußballländerspielen, aber Individuen pfeifen sie selten vor sich hin, insbesondere nicht in dem synkopischen Rhythmus, den Vesely durch die Verlängerung mancher Noten und die Verkürzung anderer einführt. Veselys Fassung ist seine eigene und sehr individuelle Version der deutschen Nationalhymne: leise, nachdenklich und ein wenig traurig. Indem er die Nationalhymne auf diese Art und Weise präsentiert, fordert Vesely die Nationalhymne von ihrem gewöhnlichen pompösen Kontext zurück. Er erinnert sein Publikum daran, dass es sich ursprünglich um das Lied einer Protestbewegung handelte, und dass dieses Lied sicherlich von den Anhängern der Protestbewegung bei zahlreichen Gelegenheiten leise gesungen oder gepfiffen wurde.

Die Melodie der Nationalhymne geht nahtlos in die von Vesely verfasste Melodie zur Vertonung des Gedichts über. Die Melodie greift auf deutsche Liedermachertraditionen zurück, erinnert aber auch an die Musik südamerikanischer Liedermacher wie Victor Jara, Daniel Viglietti und andere, ein Musikstil, der für deutsche Zuhörer leicht wiederzuerkennen und einer oppositionellen, freiheitlich gesinnten Haltung zuzuordnen ist. Die Zuhörer können deshalb selbst die Verbindung herstellen, die Vesely beim ersten Lesen der Vormärzgedichte herstellte: Die Verfolgung, der Pfau und seine Zeitgenossen ausgesetzt waren, war und ist noch lange nicht beendet, und ebenso geht der Kampf für die von ihnen geforderten Rechte bis heute weiter.

Lieblingsmythos der Bundesrepublik

Veselys Vortrag bringt dem Zuhörer in Erinnerung, dass die Bundesrepublik ihre nationale Identität auf den Kampf gegen Unrecht und Unterdrückung gründen wollte. Indem die Gründerinnen und Gründer der Bundesrepublik ausgerechnet dieses Lied als Nationalhymne des neu geschaffenen deutschen Staates auswählten, forderten sie es explizit von dem durch die Nazis vorgenommenen Missbrauch der ersten Strophe zurück. Die Kombination der Nationalhymne mit einem Lied über

Verfolgung und Exil bringt den Zuhörern in Erinnerung, dass diejenigen, von denen in dem Lied die Rede ist, wegen ihres Einstehens für die Ideale, auf der die Bundesrepublik angeblich fußt, im Exil und in Armut leben mussten — ein Schicksal, das politisch aktive Menschen noch heute ereilt. Die historische Verbindung zwischen der damaligen und der heutigen Situation lädt die Zuhörer ein, darüber nachzudenken, inwiefern die Bundesrepublik ihrer historischen Verantwortung und ihren eigenen Idealen gerecht wird.

Durch den Rhythmus und die gepfiffene Melodie macht Vesely noch eine weitere Aussage, die die Konstruktion von nationaler Identität betrifft. Die Nationalhymne ist eine der grundlegenden Akte der Konstruktion von nationaler Identität. Indem er die Nationalhymne auf so eigenwillige Art und Weise zum Klingen bringt, deutet Vesely an, dass es viele verschiedene Arten gibt, eine nationale Identität zum Leben zu erwecken. Es gibt keine offizielle Version der nationalen Identität, die von oben entwickelt würde und zu der das deutsche Individuum verpflichtet wäre. Es gibt stattdessen vielfältige Formen der nationalen Identität, und jede Bürgerin und jeder Bürger hat das Recht, ihre nationale Identität auf ihre eigene Art und Weise zu entdecken und zu leben.

Die Frage nach der gegenwärtigen Situation der angeblichen ideologischen Vorfahren der Bundesrepublik gewinnt an Brisanz, wenn „Die deutschen Flüchtlinge“ mit einem Gedicht wie Fiechtners „Die Ruinen unserer Häuser" zusammenkommt. „Die Ruinen unserer Häuser" beschäftigt sich mit einem Lieblingsmythos der Bundesrepublik, nämlich dem, dass das Jahr 1945 einen totalen Bruch mit den vorhergegangenen 12 Jahren bedeutete und dass die Gründung der BRD im Jahr 1948 den Beginn von etwas völlig Neuem darstellte. Bereits die erste Strophe des Gedichts zieht diese Version des Hergangs in Zweifel:

> Es ist das neue Leben nicht
> das aus den Ruinen blüht.
> Es ist das alte Leben doch
> den Fehlern der Ahnen verfallen
> wie einem Fluch, es ist
> dasselbe Leben, noch einem
> die alten Untaten erstrebend
> es sind dieselben Steine doch
> aus denen die neuen Mauern entstehen.

In dem Gedicht wird die These aufgestellt, dass aus den Ruinen nicht eine neue Lebensweise und -philosophie erwächst, sondern dass die alte mit neuer Kraft zurückkommt. „Leben" steht hier für eine bestimmte Lebens- und Denkweise, die einst zu den „Fehlern der Ahnen" führte und nun erneut in diese Richtung drängt. Was genau mit den „Fehlern der Ahnen" gemeint ist, wird absichtlich offen gelassen, denn Deutschland hat eine lange Liste mit „Fehlern der Ahnen" vorzuweisen. Das Gedicht lädt den Leser dazu ein, darüber nachzudenken, was genau dies für Fehler waren, und warum all diese Fehler von derselben Geisteshaltung ermöglicht wurden.

Diese erste Strophe des Gedichts hat etwas sehr merkwürdiges an sich. Bei genauerem Lesen stellt man fest, dass dieses Gefühl der Merkwürdigkeit darauf zurückzuführen ist, dass das Leben als Subjekt und Handelnder fungiert. Es scheint die „Fehler der Ahnen" scheinbar ganz von selbst herbeizuführen. Die Menschen, die das Leben leben, werden vom Leben gelenkt. Sie gestalten und leben es nicht selbst.

Die zweite Strophe geht genauer darauf ein, was unter dem „Leben" zu verstehen ist:

> Es ist die alte Schweigsamkeit
> die in den neuen Häusern wohnt
> dieselbe Teilnahmslosigkeit
> gegen das Leiden der anderen
> die alte Ahnungslosigkeit, die
> namenlose Überraschung, wenn wieder
> die Zerstörung nicht nur die anderen
> trifft, die Fernen, die Fremden
> sondern, wie es immer war, zuletzt
> auch durch die eigenen Türen dringt.

Angesichts der Tatsache, dass das „Leben" in der ersten Strophe als Handelnder und Subjekt fungierte, werden wir als Zuhörer nun mit einer eigenartigen Charakterisierung des Agenten konfrontiert. Der Agent ist durch Haltungen und Tätigkeiten charakterisiert, die aus

Nichtstun bestehen: Schweigen, Teilnahmslosigkeit, Ahnungslosigkeit. Die aufgebaute Spannung zwischen der Funktion des Lebens als Handelnden und seiner gleichzeitigen Passivität deutet an, dass auch die Passivität eine Aktion ist. Sich für die Passivität zu entscheiden bedeutet nämlich, das Feld der Geschichte den Kräften der Zerstörung zu überlassen.

Gleichzeitig beginnt das Gedicht langsam, die von ihm selbst aufgebaute Funktion des Lebens als Handelnden aufzulösen. Das Leben an sich besitzt nämlich nicht die Fähigkeit, Teilnahmslosigkeit oder Überraschung zu fühlen. Es muss also noch jemanden in dem Gedicht geben, jemand, der diese Gefühle fühlen kann. Die letzte Strophe des Gedichts führt weitere mögliche Handelnde ein:

> Würden wir doch lernen
> die Zerstörer zu ruinieren
> dann hätten uns're Häuser
> endlich Ruh'.

Hier treten plötzlich zwei weitere mögliche Handelnde auf: „Wir", eine Gemeinschaft von Adressaten, die den Sprecher selbst mit einschließt, und „die Zerstörer". Das „Wir" eint Sprecher und Publikum innerhalb der eigenen Komplizenschaft mit dem Leben. Zuhörer und Zuhörerinnen werden dazu angehalten, über ihre eigene Position und Haltung in dem in den ersten beiden Strophen beschriebenen Szenario nachzudenken. Die Einführung der „Zerstörer" als Handelnde lädt sie dazu ein, sich selbst gegenüber deren Existenz zu definieren. Letztlich stellt sich durch die ungewöhnliche Aufforderung, „die Zerstörer zu ruinieren“ die Frage, was genau damit gemeint ist und folglich, wie man einen Zerstörer ruiniert. Der Sprecher des Gedichts schlägt offenbar vor, die Zerstörer nicht zu zerstören, das heißt nicht mit ihren eigenen Waffen zurückzuschlagen. Sie zu ruinieren deutet darauf hin, dass ihnen die Grundlage ihrer Existenz, das heißt die Strukturen und Mechanismen, die die Existenz der Zerstörer als Zerstörer ermöglichen, entzogen werden soll.

In dieser letzten Strophe bestätigt das Gedicht den Verdacht, der sich beim Publikum schon beim Lesen oder Hören der zweiten Strophe eingeschlichen haben kann: Dinge passieren nicht, weil das Leben so spielt. Diese Behauptung ist genauso absurd wie die grammatikalische Struktur, die Fiechtner benutzt um das „Leben“ als Handelnden hinzustellen, einen Handelnden der nichts tut und letztlich die Frage erzwingt, wie so ein Handelnder ein Handelnder sein kann.

Die deutschen Flüchtlinge

Die scheinbar widersprüchliche grammatikalische Konstruktion des Gedichts funktioniert auf eine ähnliche Art und Weise wie Veselys Vertonung von Pfaus „Die deutschen Flüchtlinge“. Beide machen Widersprüche und Verbindungen sichtbar und bringen sie dadurch als mögliche Diskussionsthemen auf den Tisch. Gedicht und Vertonung enden in diesem Moment der aufgebauten Spannung; das muss auch so sein, denn sie wollen keine Antworten geben. Beide Texte erarbeiten die Möglichkeit für einen Dialog. Sie beginnen den Dialog aber noch nicht: Wenn sie dies täten, würden die beiden Dichter den Dialog für sich selbst und füreinander monopolisieren. Das Publikum soll die aufgerissenen Fragen nicht den Dichtern stellen. Dies würde den Dichter in eine Position bringen, in der er dem Publikum überlegen scheint, und genau dies soll vermieden werden. Das Publikum soll die aufgeworfenen Fragen miteinander, untereinander oder mit jemandem, der gar nicht bei der Konzertlesung war, diskutieren. Die Konzertlesung ist nur der Anfang.

Abschließend muss ich noch einmal zu dem zitierten Text von Galeano zurückkehren. Galeano schreibt, dass eine besonders wichtige Aufgabe des Schriftstellers die Konstruktion eines Selbstbildnisses des Volkes ist, das dem verzerrten und respektlosen Selbstbildnis, das dem Volk von den Mächtigen angeboten wird, eine Alternative entgegensetzt. In dem von Fiechtner angesprochenen Fall bieten die Mächtigen der Bevölkerung ein Selbstbildnis an, das sehr viel schmeichelhafter ist als das Selbstbildnis, das ihnen vom Dichter angeboten wird. Fiechtners und Veselys geputzter Spiegel zeigt den Deutschen ein kritisches, sogar beängstigendes Selbstbildnis. Doch nur wenn man sich selbst ins Gesicht sieht, kann man das eigene Verhalten hinterfragen und es so ändern, dass es einem selbst und anderen nicht mehr zum Verhängnis wird.

Die Verbindung der beiden interpretierten Texte in einer Konzertlesung öffnet noch andere mögliche Gedankengänge. In Kombination miteinander bringen die beiden Texte deutlich zum Ausdruck, dass diejenigen, die die „Anderen“ zu sein scheinen, zum Beispiel Flüchtlinge oder Leute, die in anderen Ländern aus politischen Gründen im Gefängnis sitzen, gar nicht so anders sind. Vor nicht so langer Zeit waren viele Deutsche in genau derselben Situation. Die Kombination deutet auch an, dass es durchaus eine Alternative zu dem „alten Leben“ gibt. Pfaus Flüchtlinge, also diejenigen, die die deutsche Nationalhymne zuerst sangen und pfiffen, wurden Flüchtlinge weil sie sich gegen die Tradition der Teilnahmslosigkeit, der Schweigsamkeit und der Unterordnung auflehnten. Deshalb sind sie der Beweis dafür, dass ein anderes „Leben“ möglich ist.

Fiechtners und Veselys Konzertlesungen sind also im besten Sinne ein Beispiel für „Dichtung im Hier und Heute“: Fest verankert in der Gegenwart machen sie ein Netzwerk von Beziehungen zwischen Deutschland und Lateinamerika, ebenso wie zwischen der Vergangenheit, der Gegenwart und der Zukunft, spürbar und hörbar. Dies ist möglich durch die Mobilisierung der Ausdrucksmittel von sowohl gesprochener Sprache als auch Musik, sowie der Ausdrucksmittel, die durch die Spannung zwischen den beiden Medien entstehen. Die Mobilisierung dieser vielschichtigen Ausdrucksformen und die Integration von verschiedenen Kulturen machen die Konzertlesungen zu einem idiosynkratischen Bestandteil der literarischen Strömung der „performance poetry“. Die Perspektiven, die Fiechtner und Vesely einbringen und durch die sich Konzertlesungen von den bekannteren englischen, US-amerikanischen und karibischen Formen der „performance poetry“ unterscheiden, machen ihren Beitrag zu dieser literarischen Form um so besonderer und einzigartiger.

Anhang

Inhalt

Zum Weiterlesen

Werke von Urs M. Fiechtner und Sergio Vesely

AN-KLAGEN
Neuer Verlag B.Bruscha, Tübingen 1977
4. erweiterte Auflage AS-Verlag, Tü. 1981
Lyrik und Prosa von Fiechtner, Vesely u.a.; Hrsg. von Urs M. Fiechtner. Vorworte von Jean Améry und Helmut Frenz. Illustriert von Albrecht Kneer.

SUCHE NACH M.
Neuer Verlag B.Bruscha, Tü. 1978;
3. erweiterte Auflage AS-Verlag, Tübingen 1981;
Lyrik und Erzählungen von Fiechtner, Vesely, Magiera über politische Verfolgung. Hrsg. v. Urs M. Fiechtner. Vorworte von Ingeborg Drewitz und Inge Aicher-Scholl. Illustriert von Ina-Maria Mihalyhegyi-Witthaut.

PUCHUNCAVI
Neuer Verlag B.Bruscha & AS-Verlag, Tü. 1979;
Erw. Auflage Edition Kettenbruch 2015;
Kurzgeschichten und Dokumente von Urs M. Fiechtner und Sergio Vesely zur Kulturarbeit politischer Gefangener in Chile.

JENSEITS DER MAUERN
Neuer Verlag B.Bruscha, Tü. 1978;
Erweiterte Ausgabe im AS-Verlag, Tü. 1983;
Lieder von Sergio Vesely, übersetzt und bearbeitet von Urs M. Fiechtner.

XIPE TOTEC
Neuer Verlag B.Bruscha, Tübing. 1979;
2. Aufl. az-Verlag, Tübingen/Frankfurt 1981;
3. Auflage AS-Verlag, Tü.1983;
Erzählungen von Fiechtner und Vesely nach indianischen Legenden.

UND LEBENDIGER ALS SIE ALLE
Neuer Verlag B.Bruscha & AS-Verlag, Tü. 1980;
Gedichtzyklus von Urs M. Fiechtner mit Illustrationen von Sergio Vesely.

MEXIKO ANDERS
AS-Verlag, Tübingen 1981;
Vom Maurer zum politischen Gefangenen. Autobiographie von Simón Hipólito Castro. Übersetzt, kommentiert und herausgegeben von Fiechtner und Vesely.

LÄNGER ALS 1001 NACHT
PLUS DE 1001 NUITS
AS-Verlag, Tübingen 1982;
Lyrik und Graphik inhaftierter Künstler in Marokko, französisch/deutsch, tlw spanisch/deutsch. Übersetzt, kommentiert und hrsg. v. Fiechtner, Vesely, Fehrmann.

DIE VERSCHWUNDENEN KINDER ARGENTINIENS
AS-Verlag, Tübingen 1982;
Berichte über die Arbeit der Abuelas de Plaza de Mayo von Urs M. Fiechtner und Osvaldo Bayer.

AUCH WENN ES TAGE WIE NÄCHTE GIBT
AS-Verlag, Tübingen 1982;
Liederbuch von Sergio Vesely mit Gedichten von Urs M. Fiechtner und Fotographien von Osvaldo Baratucci.

DIE OFFENEN ADERN
AS-Verlag, Tübingen 1982, 2. Aufl. 1983;
LP im Trikont-Verlag 1983;
Textprogramm von Urs M. Fiechtner für *Chor & Orchester Canto General Tübingen.*

STECK‘ DIR EINEN VERS ...
AS-Verlag, Tübingen 1983;
Anthologie mit 60 Autoren, Graphikern und Fotographen;
Herausgegeben von Manfred Eichhorn und Urs M. Fiechtner.

AM RANDE
AS-Verlag, Tübingen 1984;
Berichte und Erzählungen von Urs M. Fiechtner und Ursula Waldmann über Formen und Folgen der Folter. Mit Graphiken von Wolfgang Bleicher und Christian Kaiser.

POESIA LIBRE
AS-Verlag, Tübingen 1984;
Gedichte aus Poesiewerkstätten in Nicaragua. Übersetzt, kommentiert und herausgegeben von Urs M. Fiechtner.

FEUER IN DER DUNKELHEIT
AS-Verlag, Tübingen 1985;
Gedichte aus der Alphabetisierungskampagne in Nicaragua, gesammelt von Mayra Jiménez (Orig. "Fogatas en la Oscurana“). Übersetzt, kommentiert und hrsg. von Urs M. Fiechtner und Sergio Vesely.

FLUGLIZENZ FÜR EINEN MAULWURF
Neuer Malik Verlag, Kiel 1984;
Gedichte und Kurzgeschichten von Urs M. Fiechtner mit 24 Graphiken von Sergio Vesely.

DIE STUMMEN HUNDE
Edition diá, St.Gallen/Berlin/Sao Paulo 1986;
Tierfabeln aus Kuba, gesammelt von Miguel Barnet (Originaltitel „Akeké y la Jutía“), eingeleitet, übersetzt und kommentiert von Urs M. Fiechtner und Sergio Vesely.

GESANG FÜR AMERICA I
Edition diá, St.Gallen/Berlin/Sao Paulo 1986;
Fototaschenbuch.
Epische Lyrik von Urs M. Fiechtner und Sergio Vesely zur Geschichte Amerikas. Mit Fotographien von Edgar Ricardo von Buettner.

ANNAS GESCHICHTE
Signal-Verlag, B.-Baden 1985, 4. Aufl. 1989; Deutscher Taschenbuch Verlag, 16.Aufl. 2011;Die Geschichte einer Verschwundenen. Erzählung für Jugendliche und Erwachsene von Urs M. Fiechtner.

MARIO ROSAS
Signal-Verlag, Baden-Baden 1986;
Ravensburger Taschenbuch 1990;
Terre des Hommes – Taschenbuch 2003;
Die Geschichte einer Flucht. Erzählung für Jugendliche und Erwachsene von Urs M. Fiechtner.

ERWACHEN IN DER NEUEN WELT
Signal-Verlag, Baden-Baden 1988;
Terre des Hommes - Taschenbuch 2006;
Romanbiographie über Bartolomé de Las Casas und seine Zeit von Urs M. Fiechtner und Sergio Vesely.

NOTIZEN VOR TAGESANBRUCH
Signal-Verlag, Baden-Baden 1990;
Erw. Ausgabe Edition Kettenbruch 2015;
Gedichte von Urs M. Fiechtner und Sergio Vesely.

GESCHICHTEN AUS DEM NIEMANDSLAND (I)
Signal-Verlag, Baden-Baden 1990;
Arena-Verlag, Würzburg 1996;
Erw.Ausgabe Schmetterling-Verlag 1999; Kurzgeschichten von Urs M. Fiechtner und Sergio Vesely. Illustriert von Christian Kühnel.

GESANG FÜR AMERICA I/II
Edition diá, St.Gallen/Berlin/SaoPaulo 1991;
Epische Lyrik von Urs M. Fiechtner und Sergio Vesely zur Geschichte Amerikas. Erweiterte Fassung des I. Bandes „Are V Xe Oher“ mit neuem Band II zur Kolonialgeschichte („Santa Cruz de Indias“).

IM AUGE DES JAGUARS
Signal-Verlag, Baden-Baden 1991;
Die Schatztruhe / book & media 2003;
Erzählungen von Urs M. Fiechtner und Sergio Vesely über indianische Kultur- und Zivilisationsgeschichte

NOTIZEN VOR TAGESANBRUCH (CD)
G & L Musikverlag, Ludwigsburg 1993;
Vertonte Gedichte von Urs M. Fiechtner, gesungen von Sergio Vesely u. Dieter Trieß.

INMITTEN VON ALLEM LIEBE ICH DICH
Edition diá, Berlin/Sao Paulo 1993;
Gedichte von Urs M. Fiechtner

KÜNSTLER FÜR MENSCHENRECHTE (CD-ALBUM)
Casa Alianza, Bad Honnef 1993;
Konzertlesungen mit Fiechtner und Vesely.

FREI UND GLEICH GEBOREN
Lesebuch Menschenrechte
Verlag Sauerländer, Aarau/ Frankfurt a.M. 1998; Unionsverlag, TB, Zürich 2002;
Erw. Ausgabe cbt Bertelsmann, München 2008;
Herausgegeben von Urs M. Fiechtner und Reiner Engelmann. Mit Originalbeiträgen von 30 Autoren.

GESCHICHTEN AUS DEM NIEMANDSLAND (II)
Schmetterling-Verlag, Stuttgart 2008;
Erweiterte Ausgabe; Kurzgeschichten
von Urs M. Fiechtner und Sergio Vesely.

DER DICHTER (Buch und CD)
Ein Lautlesegedicht für eine Stimme
Schmetterling-Verlag, Stuttgart 1999;
Poetische Satire von Urs M. Fiechtner. Mit 34 Illustrationen sowie Vertonungen von Vesely.

BAUDELAIRE (CD)
Dimensionen eines Tabus
Robert Mercier & Livetrack Studio M.Watzal Laufensfelden 1999;
Die verbotenen Gedichte aus den „Blumen des Bösen" von Charles Baudelaire, gelesen von Urs M. Fiechtner, musikalisch interpretiert von Hendrik Edelhäuser

GESANG FÜR AMERICA / CANTO A AMERICA (III)
Schmetterling-Verlag, Stuttgart 2000;
zweisprachig span./deutsch.
Der bekannteste gemeinsame Gedichtband von Urs M. Fiechtner und Sergio Vesely.

ALLER MENSCHEN WÜRDE
Lesebuch für Amnesty International
Verlag Sauerländer, Aarau/Frankfurt-M. 2001;
Hrsg. von Reiner Engelmann und Urs M. Fiechtner. Beiträgen von 45 Autoren/innen in 21 Ländern.

ALLER MENSCHEN WÜRDE (CD)
Verlag Sauerländer & BauerStudios 2001;
Lieder von Markus Munzer-Dorn und Sergio Vesely nach Gedichten von Urs M. Fiechtner.

VERSCHWUNDEN - IN GEHEIMER HAFT (I)
Elefanten Press Verlag / Bertelsmann, 2001;
Erzählungen und Sachtexte für Jugendliche und Erwachsene von Urs M. Fiechtner.

LYRIK NACH DEM GLOCKENSCHLAG (CD)
Das andere Poesie-Album (CD)
Literatursommer Baden-Württemberg, 2002;
37 Gedichtkarten und eine CD. Eine Auswahl von Gedichten der Klassiker und Moderne, gelesen von Urs M. Fiechtner und Susanne Maier.

FREI VON FURCHT UND NOT
Lesebuch wirtschaftliche und soziale Menschenrechte
Verlag Sauerländer / Patmos, Düsseldorf 2004;
Hrsg. von Reiner Engelmann und Urs M. Fiechtner. Mit 30 Autoren aus 15 Ländern.

KINDER OHNE KINDHEIT
Lesebuch Kinderrechte
Verlag Sauerländer/Patmos, Düsseldorf 2006;
Originalbeiträge von 30 Autoren und Fachleuten aus Menschenrechtsorganisationen. Herausgegeben von Reiner Engelmann und Urs M. Fiechtner.

DIE ALLGEMEINE ERKLÄRUNG DER MENSCHEN-RECHTE (CD)
Amnesty International, Ulm 2008
Gesprochen von Urs M. Fiechtner mit Musik von Sergio Vesely und Luis Arellano

FOLTER – ANGRIFF AUF DIE MENSCHENWÜRDE
Horlemann-Verlag, Edition Menschenrechte, 2008;
Kurzgeschichten nach authentischen Fällen von Urs M. Fiechtner mit einem Sachteil über Geschichte und Gegenwart der Folter.

VERSCHWUNDEN - IN GEHEIMER HAFT (II)
Horlemann-Verlag, Edition Menschenrechte, 2009;
Kurzgeschichten nach authentischen Fällen von Urs M. Fiechtner mit einem Sachteil über Geschichte und Gegenwart der geheimen Haft.

DASS WIR HEUTE FREI SIND...
Verlag Sauerländer, Mannheim 2011;
Lesebuch mit Originalbeiträgen von 23 Autoren über die Arbeit von Amnesty International, Hrsg. v. Urs M. Fiechtner und Reiner Engelmann

Beiträge in Anthologien (Auswahl)

Die Frauen von der Plaza de Mayo (Erzählung), in:
Die Frauen von der Plaza de Mayo, Lesebuch Menschenrechte, Signal, Baden-Baden 1984; Erzählbuch zum Glauben, Die Sakramente, Kaufmann/Patmos, Lahr/Düsseldorf 1989;
Gegen den Strom, Texte zur Courage im Alltag, rotfuchs/Rowohlt-Verlag, Hamburg 1995

Andere Sprache, Andere Mißverständnisse (Kurzprosa), in: Land der begrenzten Möglichkeiten, Büchergilde Gutenberg, Frankfurt/Olten/Wien 1987
Der Kleine und die Sache mit dem Mut (Erzählung), in: Jugendliche im Gefängnis, Amnesty International/DuMont, Köln 1987

Drei ratlose Reden (Prosa und Lyrik), in :
Morgen kann es zu spät sein, Texte gegen Gewalt, Arena-Verlag, Würzburg 1993

Neu Anfangen - Ein Taufgedicht (Lyrik) in:
Frei wie die Drachen am Himmel, Elefanten Press Verlag, Berlin 1996

Wann wenn nicht jetzt (Gedichtzyklus), in:
Stand Up!- Zivilcourage ist angesagt, Arena-Verlag, Würzburg 1996

Alles Normal (Prosagedicht), in:
Ich will, daß es aufhört - Aufwachsen im Krieg, Arena-Verlag, Würzburg 1996

Claudia , und Kleine Tiergeschichte (Lyrik) , in:
Unheimlich verknallt - Geschichten von der ersten Liebe, Arena-Verlag, Würzburg 1997

Als der Folterer weinte (und andere Kurzgeschichten) in:
Die Würde des Menschen ist (un)antastbar, Lesebuch Folter, Amnesty International, Ulm 2001

Fußgängerzone (und andere Gedichte) in:
Gegen Rechts - Texte gegen den Extremismus, Arena-Verlag, Würzburg 2001

Was sind das für Zeiten (Lyrik) in:
Gott im Gedicht - Eine Anthologie von 1945 bis heute, Klöpfer und Meyer, Tübingen 2007

Der Sinn des Lebens und weitere Gedichte in:
Einstieg Rechts - Ausstieg...? - Texte zur Auseinandersetzung mit rechter Gewalt, vonLoeper Literaturverlag, Karlsruhe 2012

Sekundärliteratur (Auswahl)

Gisela Mayer : Didaktische und methodische Möglichkeiten der Arbeit mit einem aktuellen Jugendbuch, Salzgitter 1991

Prof. Hans Göttler : Lektüre eines Jugendbuches als Beitrag zur politischen Bildung - Nicht die Erde hat sie verschluckt / Verschwundene als Opfer politischer Verfolgung, in : Moderne Jugendbücher für die Schule, Schneider Verlag, Hohengehren 1993

Sven Schmolke: Ein Mensch verschwindet - über „Annas Geschichte", in: Praxis Deutsch, Erhard Friedrich Verlag, Selze 1996

Tanja Kurzrock u. Sven Schmolke : „Geschichten aus dem Niemandsland" - Angebote für die Arbeit in der Literaturwerkstatt und zur Öffnung von Unterricht, Unterrichtsmaterialien zum gleichnamigen Buch Schmetterling-Verlag, Stuttgart 2000

Mekus/Diekmann/Röger: Geschichte erfahren durch Gedichte. Angebote für den kreativ-produktiven Umgang mit Lyrik im Spanischunterricht der Jahrgangsstufen 12 und 13 am Beispiel von „Gesang für América", Schmetterling-Verlag, Stuttgart 2002

Sven Schmolke: Das Thema Menschenrechte im Deutschunterricht der Jahrgangsstufen 9 - 11. in:
Menschenrechte im Unterricht, Hg. v. P.M. Friedrichs. Elefanten Press Verlag/ Bertelsmann, München 2002

Autorengruppe79: Inmitten von Allem – Handreichungen zu Gedichten von Urs M. Fiechtner,
Materialien für den Unterricht, Ulm 2005

Cornelia Gräbner: Off the Page and Off the Stage: The Performance Poetry and its Public Function,
Universiteit van Amsterdam, Amsterdam 2007

Ingo Köhler: Fiechtner/ Verschwunden - In Geheimer Haft, Vorschläge für die Behandlung des Buches im Deutschunterricht der Klassen 8 - 10, in: Das Lehrerbuch - Menschenrechte im Unterricht, Horlemann-Verlag, Bad Honnef 2010

Steffi Pohl: Ideen und Methoden für den gesellschaftswissenschaftlichen Unterricht ab Klasse 10 am Beispiel von Fiechtner/ Folter - Angriff auf die Menschenwürde, in: Das Lehrerbuch - Menschenrechte im Unterricht, Horlemann-Verlag, Bad Honnef 2010

Dr. Cornelia Gräbner: Apostrophe and direct address in poems of survival, Lancaster University, Lancaster 2011

Dr. Cornelia Gräbner: Fiechtner & Vesely - the performance as a platform where poetry critiques society in an Adornian manner, in: Public Poetry Performances - reconsiderations of poetic licence, University of the Balearic Islands Press, Palma de Mallorca 2012

Zum Weiterhören

Die Diskographie von Sergio Vesely

<u>In spanischer Sprache</u>

CANTO POR MI	LP, Messidor, 1978
CONSTELACION	LP, Messidor, 1980
MERIDIANO	LP, Messidor, 1982
PERSONAS	LP, Messidor, 1984
DOCUMENTO	LP, G&L Musikverlag, 1976
REVOLUCION	LP/CD, Schnoog,1988
22 CANCIONES	CD, Autorenedition, 2003

<u>In deutscher Sprache</u>

NOTIZEN VOR TAGESANBRUCH	CD, G&L Musikverlag, 1993
ALLES GOEHTE ODER WAS?	CD, G&L Musikverlag, 1995
SCHWABENSERENADE	CD, G&L Musikverlag, 1997
SCHLAFE, MEIN DEUTSCHLAND	CD, G&L Musikverlag, 1998
DEUTSCHE EVERGREENS	CD, G&L Musikverlag, 2000

Für Kinder

LIEDER NICHT NUR FÜR KINDER	LP/MC, G&L Musikverl., 1983
BEI DIR ZUHAUSE	LP/MC, G&L Musikverl., 1985
LIEDER SO WIE DAS LEBEN	LP/MC, G&L Musikver.,1989
LIEDER FÜR KLEIN UND GROSS	CD, G&L Musikverlag, 1992

Mit Urs M. Fiechtner

KÜNSTLER FÜR MENSCHENRECHTE 1	CD, Casa Alianza 1996
DER DICHTER	CD, Schmetterling, 1998
DIE ALLGEMEINE ERKLÄRUNG DER MENSCHENRECHTE	CD, dolphin records, 2008

Mit Markus Munzer-Dorn

ALLER MENSCHEN WÜRDE	CD, Verlag Sauerländer, 2001

Mit Shantiprem

A CELTIC MIRROR GOSPEL	CD, Bild und Klänge, 1998

Mit Human Factor

KALAMANYA	CD, Vollton, 1994

Über das Buch

Zwei Künstler, zwei Kontinente und über 40 Jahre gemeinsame Kultur- und Menschenrechtsarbeit. *Mit Möwenzungen in der Mehrzweckhalle* erzählt schlaglichthaft und autobiographisch die Lebensgeschichten von Urs M. Fiechtner und Sergio Vesely und beleuchtet auf die den beiden Künstlern eigene, humoristische Weise einzelne Aspekte des deutschen Kulturbetriebs. Ergänzt wird der vorliegende Band durch einen Beitrag von Dr. Cornelia Gräbner über die von Fiechtner und Vesely geschaffene Kunstform der Konzertlesung.

Über die Autoren

URS M. FIECHTNER
*1955 in Bonn, aufgewachsen in Lateinamerika unter alten Nazis, Militärs und späteren Putschisten, freiberuflicher Schriftsteller und Herausgeber sowie Dozent in der Jugend- und Erwachsenenbildung, lebt in der Nähe von Ulm. Fiechtner publiziert seit Anfang der 70er Jahre Prosa, Lyrik und Sachtexte — darunter auch Jugendbücher (u.a. „Annas Geschichte") — und wurde mit zahlreichen Literaturpreisen ausgezeichnet. 1976 gründete er die interkulturelle *Autorengruppe79*, die Maßstäbe für die Verbindung von Literatur und Musik gesetzt und den Begriff der „Konzertlesung" geschaffen hat. Seitdem

arbeitet er häufig mit Autoren und Musikern aus Lateinamerika und Afrika zusammen. Viele seiner Bücher behandeln Themen rund um die Menschenrechte, mit denen er sich nicht nur als Autor beschäftigt, sondern auch als Mitarbeiter von Menschenrechtsorganisationen oder Berater von Projekten wie z.B. Selbsthilfegruppen der Familien von politisch Verfolgten. oder Behandlungszentren für Folteropfer, von denen er einige mitbegründet hat, darunter das Behandlungszentrum für Folteropfer in Ulm (BFU). Bei Amnesty International ist er seit 1970 in vielen verschiedenen Funktionen engagiert (wofür er von der Schule flog) und kennt das Innenleben der Organisation sowie die Arbeit von Nichtregierungsorganisationen (NGO) wie wenig andere. Er ist als herausragender Rezitator bekannt und gilt bei Erwachsenen wie bei Jugendlichen als äußerst kenntnisreicher, dabei anregender und humorvoller Gesprächspartner, der auch komplexe Themen anschaulich vermitteln kann.

SERGIO VESELY
*1952 in Santiago de Chile, lebt heute in der Nähe von Stuttgart als Musiker, Autor und bildender Künstler. Seine ersten Lieder und Gedichte schrieb er als politischer Gefangener in den Konzentrationslagern der Militärdiktatur des General Pinochet. In Deutschland, das ihn als Flüchtling aufgenommen und dessen Staatsangehörigkeit er angenommen hat, veröffentlichte er zahlreiche Tonträger mit vertonten Gedichten und hat als

Autor und Co-Autor an vielen Büchern gearbeitet (u.a. „Geschichten aus dem Niemandsland“, „Im Auge des Jaguars“) darunter auch an Jugendbüchern. Besonders bekannt wurde er durch seine Konzertlesungen, in denen er gemeinsam mit Urs M. Fiechtner seit den 70er Jahren eine intensive Form der Verbindung von Literatur und Musik entwickelt hat, die inzwischen von vielen Künstlern nachgeahmt wird.

DR. CORNELIA GRÄBNER

*1975 in Hanau, wuchs in Hessen auf, studierte Literaturwissenschaften und Geschichte in Köln und Bonn, verbrachte Aufenthalte in Grossbritannien und den USA, und erarbeitete an der Amsterdam School for Cultural Analysis eine Doktorarbeit über politisch situierte und motivierte “performance poetry” in West-Europa, den USA und Lateinamerika. In diesem Zusammenhang verbrachte sie einen Studien-Aufenthalt in Mexiko, wohin sie seither regelmäßig zurückkehrt. Seit 2007 arbeitet sie an der Universität Lancaster in Großbritannien im Bereich Vergleichende Literaturwissenschaften und Lateinamerika-Studien. Sie ist Autorin und Mit-Herausgeberin zahlreicher wissenschaftlicher Publikationen über zeitgenössische Literatur und soziales und politisches Engagement. Seit einigen Jahren arbeitet sie vor allem über das Schreiben als Teil des Widerstands gegen die Eskalation der neoliberalen Gewaltspirale.

Über die Buchreihe

Die Edition Kettenbruch vereint Neuauflagen erfolgreicher Bücher über Themen rund um die Menschenrechte mit neuen Büchern in vielfältigen literarischen Formen zum selben Themenkreis. Herausgegeben wird die Reihe von Stefan Drößler, Adrienne Träger, Johannes Schlichenmaier und Pascal Bercher.

Die Autorenhonorare aus der Buchreihe fließen zum größten Teil an Amnesty International, an die Ulmer Stiftung Menschenrechtsbildung sowie an das Behandlungszentrum für Folteropfer (BFU) in Ulm.

È questo il fiore del partigiano
morto per la libertá!
Bella Ciao

ISBN 978-3-7375-4350-7
www.epubli.de